Herausgeber: Georg E. Schäfer

Ulf Harr

Ulmer Künstler mit Blick für das Wesentliche

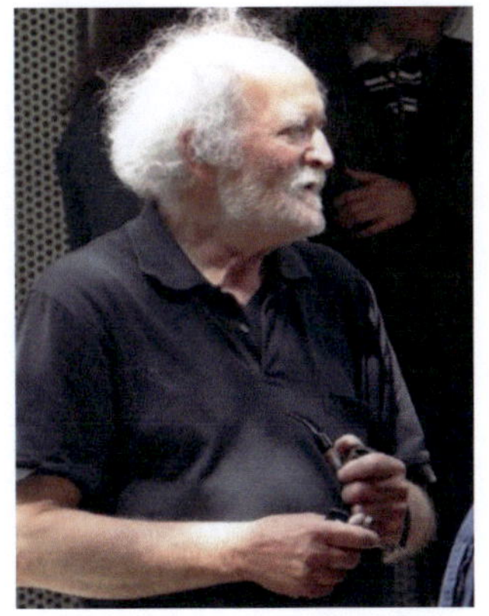

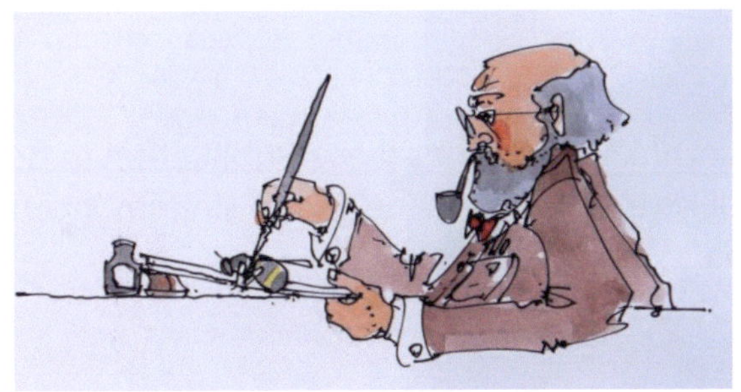

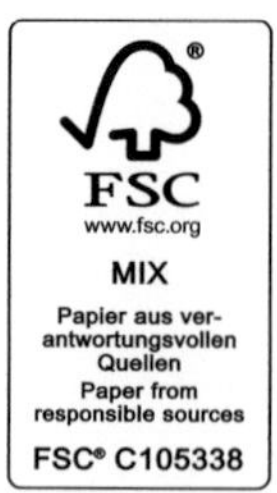

Herstellung und Verlag:
BoD – Books on Demand, Norderstedt
ISBN 978-3-7386-0585-3

Die Deutsche Nationalbibliothek verzeichnet diese Publikation in der Deutschen Nationalbibliografie; detaillierte bibliografische Daten sind im Internet über http://dnb.d-nb.de abrufbar.

Inhalt

LÖWENMENSCHEN

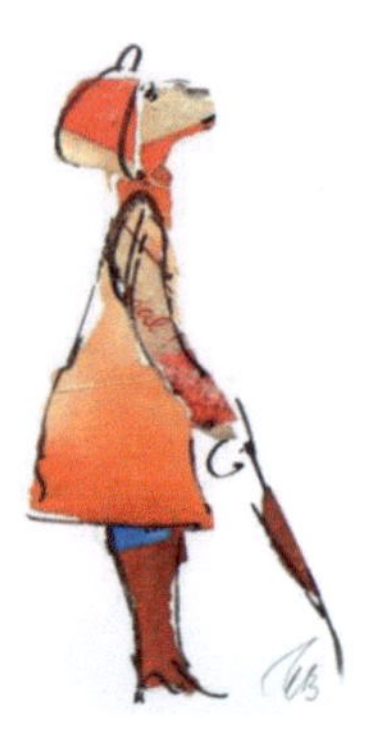

URLAUBSBILDER

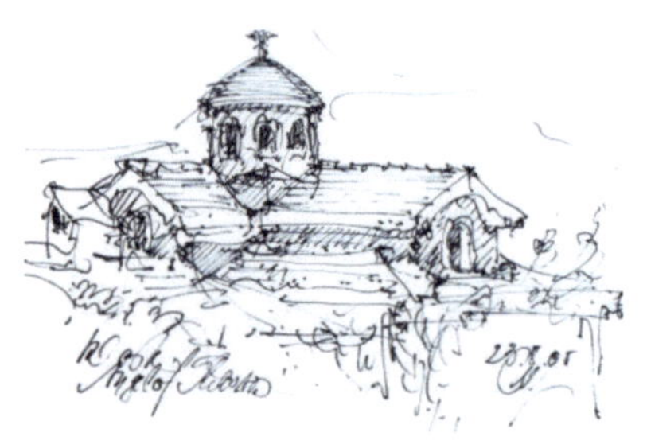

COLLAGEN

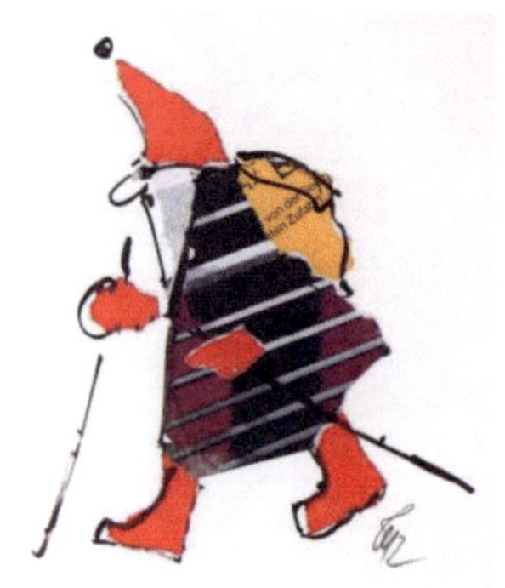

Vorwort des Herausgebers

Ulf Harr begegnet uns in den Ulmer Buchhandlungen, Galerien und Zeitungen immer wieder einmal. Denn er begleitet mit seinen Bildern seit vielen Jahren in lockerer Folge regionale Ereignisse. Immer liebevoll und oft hintersinnig karikiert er seine Zeitgenossen humorvoll an den Badeseen der Region, auf dem Golfplatz oder auf den Baustellen. Große Tiere wie Elche und kleine Insekten wie Libellen zu beobachten und zu malen, ist eine seiner großen Leidenschaften. Seine Tierskizzen nehmen sofort eine direkte Beziehung zum Betrachter auf, denn sie führen uns alle denkbaren Posen vor Augen: die verträumte Katze, das wilde Nashorn, der eitle Elch oder das kecke Spätzchen. Wobei er damit wieder in der Region angekommen ist, nämlich beim Ulmer Spatz.

Seine Feder trifft dabei immer Szenen, die wir Ulmer alle kennen und lieben, so treffend aber selbst oft nicht beschreiben oder nennen könnten.

In diesem Band findet der Leser eine kleine Auswahl der schönsten Werke von Ulf Harr. Weil Ulf Harr rastlos und fleißig malt, in der Stadt, in der Region und auf Reisen, fand der Herausgeber Berge von Zeichnungen und Skizzenbücher. Sie durchzusehen war ein großer Genuss. Klar wurde dabei aber auch, dass viele herrliche Bilder gar nicht aufgenommen werden können. Als ich nachfragte, wo dieses und jenes ausgewöhnliche Bild sei, das ich in meiner Erinnerung bewahrt hatte, zeigte sich, dass wunderschöne Exemplare jetzt im Besitz von Kunstliebhabern sind. Diese Freunde von Ulf Harrs Kunst finden wir überall, nicht nur in Ulm.

Wenn mancher Freund von Ulf Harrs Werken in diesem Band Bilder vermisst, muss er bei sich oder seinen Freunden suchen. Vielleicht hängen sie dort an der Wand - etwa zuhause am Schreibtisch, wo man hinsieht, um eine Inspiration zu finden - und sie werden netten Besuchern sicher gerne gezeigt.

Der Herausgeber wünscht den Leserinnen und Lesern mindestens so viel Spaß, wie es ihm gemacht hat, dieses Buch herauszugeben.

Georg E. Schäfer

Rede von Florian L. Arnold anlässlich der Eröffnung der Ausstellung 2014 in Ichenhausen

Damit wir eine Ausstellung als etwas Besonderes empfinden, bedarf es nicht nur ordentlicher Rahmung, Hängung und Beleuchtung, es bedarf besonderer Exponate, die sich mit einer mitreißenden Fabulierkunst nachhaltig im Gedächtnis verankern und die etwas von der Lebendigkeit und Begeisterung des Künstlers mitteilen. Und das kann man hier in den Strichen von Ulf Harr aus Ulm reichlich entdecken.

Bestimmend ist bei Ulf Harr die Natur, in seinen Landschaftszeichnungen und Landschaftsaquarellen unberührt, in kleinen Formaten erfasst, aber auch mal melancholisch und nachdenklich. Denn der Künstler verreist ungern – das darf man ruhig sagen – und er verortet sich in der Fremde über den Zeichenstift und das Skizzenheft. Ihm ist nicht an touristischen Offenbarungen gelegen und er meidet die ausgetretenen Pfade. Lieber zieht er sich mit seinem Zeichenstift zurück, „klinkt sich aus", wie er sagt, und lässt die Landschaft, die Stille auf sich wirken. In einer solchen Stille werden andere Dinge bedeutsam, das Kleine, sonst übersehene wird größer, wichtiger. Zum Beispiel das Insekt. Sie finden in dieser Ausstellung zahlreiche Insekten, sie krabbeln, rascheln und wimmeln über die Wände, werden nur mühsam von den Begrenzungen eines Blattes Papier und eines Bilderrahmens im Zaum gehalten. Ihre Lebendigkeit erhalten sie durch den schnellen, geübten Strich mit der Rohrfeder, wodurch der Strich, der diesen Eindruck von Lebendigkeit transportiert, wesentlich lockerer und variabler wird. Tiere interessieren ihn einfach. Und manche der dargestellten Geschöpfe und Gebilde können, so mag es uns vorkommen, nur in Träumen entstanden sein. Einen selbstvergessenen Traumtänzer finden wir in dem Künstler allerdings nicht, vielmehr einen interessierten Beobachter, der auch mal Ratten zeichnete, weil er diese intelligenten Nager interessant fand und sie – wie er dies mit allen Vorlagen für seine Zeichnungen hält – sehr genau beobachtete.

Die Exaktheit des Beobachtens ist nicht zu unterschätzen. Wer die Welt abbilden will, muss ihr erst einmal ein wenig auf die Schliche kommen, sich ihrem Tempo anpassen. Wer eine Hummel oder eine Biene zeichnen will, wird vor dem mit flottem Strich gezauberten Abbild erstmal viel Zeit ins Beobachten und ins Hineinfühlen verwenden müssen. Genau das macht Ulf Harr. Wer meint, dass eine einzelne Zeichnung nur ein paar Minuten braucht und so wirkt, als sei sie „mühelos" entstanden, sollte im Hinterkopf behalten, dass dem ersten Strich viele Minuten, sogar Stunden, auf das Betrachten und das Nachdenken über das Betrachten vorausgehen. Und dann ist da der Fleiß. Manches zeichne er eben „100mal und öfter", sagt der Künstler, damit er es dann im Kopf habe.

Ausgestellt hat er seine Zeichnungen in der Region schon öfter, zuletzt im vergangenen Herbst in Langenau auf Einladung des Lonetalvereins mit Kollegen, neue Arbeiten zum Thema Eiszeitkunst, moderne Kunst. Davor unter anderem in Ulm in der Sebastianskapelle und in der Galerie im Griesbad. Und dadurch ist es auch passiert, dass die Gruppe derer, die den von ihm den gezeichneten Neujahrsgruße erhalten, immer größer wird. In diesen Karten kann er dann seine zweite zeichnerische Begabung ausleben, die des Karikaturisten, der mit spitzer Feder das ausklingende Jahr summiert oder mit einer frechen Portraitkarikatur Aktuelles kommentiert, wie er das vor einigen Jahren sehr gelungen zeigte, als „Löwenmensch"-Plastiknachbildungen die Stadt Ulm überschwemmten und sich die Künstler der Stadt mit ihren genuinen Waffen gegen diesen Unfug zur Wehr setzten. Ulf Harr legte eine Edition von Löwenmensch-Zeichnungen auf. Der erfolgreiche Verkauf bestätigte seinen fröhlich-ironischen Kommentar.

Neugier, Fantasie, Geduld – das sind die Zutaten, die diese Zeichnungen erklären, die Achtung und Aufmerksamkeit erzeugen und natürlich ganz häufig ein Lächeln hervorrufen. „So habe ich das noch nie gesehen!" oder auch „Das kenne ich!" dürfte man da hören, oder auch die staunende Einsicht, dass uns diese Zeichnungen etwas wahrnehmen lassen, was uns der flüchtige Blick und auch die Fotografie nicht offenbaren. In Harrs Zeichnungen zeigen Menschen und Insekten in Körperhaltung und Charakterzeichnung viele Übereinstimmungen. Wir kennen das auch von einem Großen der Zeichnung, Wilhelm Busch.

Harr erzeugt Abstraktionen, zeichnerische „Abkürzungen", die uns die Beschaffenheit, die Materialität die Wärme – oder Kühle – eines Materials mitteilen. Wir sehen hier zwar Zeichnungen, die uns Tiere, Pflanzen und Landschaften, Chinesen, Nackte und Rotgesichtige zeigen, aber recht eigentlich sind diese Zeichnungen Abstraktionen. Wo die Natur eine Fülle an Details aufweist, muss der Zeichner Symbole erfinden, die diese Details versinnbildlichen. Er kann ja nicht jedes Haar auf den Beinen einer Biene zeichnen, nicht jeden kleinen Lichtreflex im Auge einer Ratte, nicht jeden Farbstreifen auf dem Leib einer Wespe. Zählen Sie mal. Es sind mehr als Sie denken und die Muster sind komplexer als man ahnt. Er muss also weniger machen, aber dieses „Weniger" muss zugleich die ganze Fülle erfassen. Das ist die Kunst des Zeichnens, die, wie es Paul Klee so richtig ausdrückte „etwa sichtbar macht".

Kunst ist ein Zugewinn an Einsicht.

Wir haben mit Ulf Harr einen Zeichner hier, der als Architekt den Umgang mit der erklärenden und zweckdienlichen Zeichnung täglich auszuführen hat, der aber zugleich vorführt, worin das Neue, das Spannende und Unausschöpfbare der Kunst besteht. Sie ist eben kein Werkzeug des Zweckdenkens sondern folgt einer höheren Logik des Erzählerischen.

Immer geht es um das Aufblühen eines Bildes im Kopf des Betrachters, um ein aus dem Schnürboden unseres, auf Zielgerichtetheit trainierten Denkens, frei gelassenes Bild. Ulf Harr zeigt uns mit seinen Insekten- und Naturstudien eine summende, lebendige, vielfarbige und zugleich unsichere, im Zerbrechen befindliche Welt, Es ist ihm gelungen, mit den Mitteln eines versierten und liebevollen Zeichenstrichs mitzuteilen, woraus der Begriff „Menschlichkeit" auch besteht, nämlich der Fähigkeit, sich in etwas hinein zu fühlen und Sympathie, ja sogar Zuneigung und Verantwortung für etwas zu empfinden, das einem zunächst fremd ist. In dieser stillen Erzählerpräsenz ist eine große poetische Kraft, eine Lust am Erzählen, Erklären und Weiterspinnen, so wie es Ulf Harr in dem Zyklus „Köpfe" macht, wo er aus roten Farbflächen abstrakte Strukturen entwickelt.

Lassen Sie mich mit einem Zitat von Paul Ernst schließen:

„Die Wahrheit und Einfachheit der Natur sind immer die Grundlagen einer bedeutenden Kunst."

ULM UND UMGEBUNG

Selbst vielgereiste Schwaben bestätigen: Ulm ist in einer wunderschönen Umgebung eingebettet. Besonders schön ist das Alpenpanorama hinter der Stadt. An klaren Tagen, an denen die warme Luft über dem Alpenvorland wie eine optische Vergrößerungslinse wirkt, sehen wir die Alpen so, wie Ulf Harr sie hier in seiner Collage abgebildet hat.

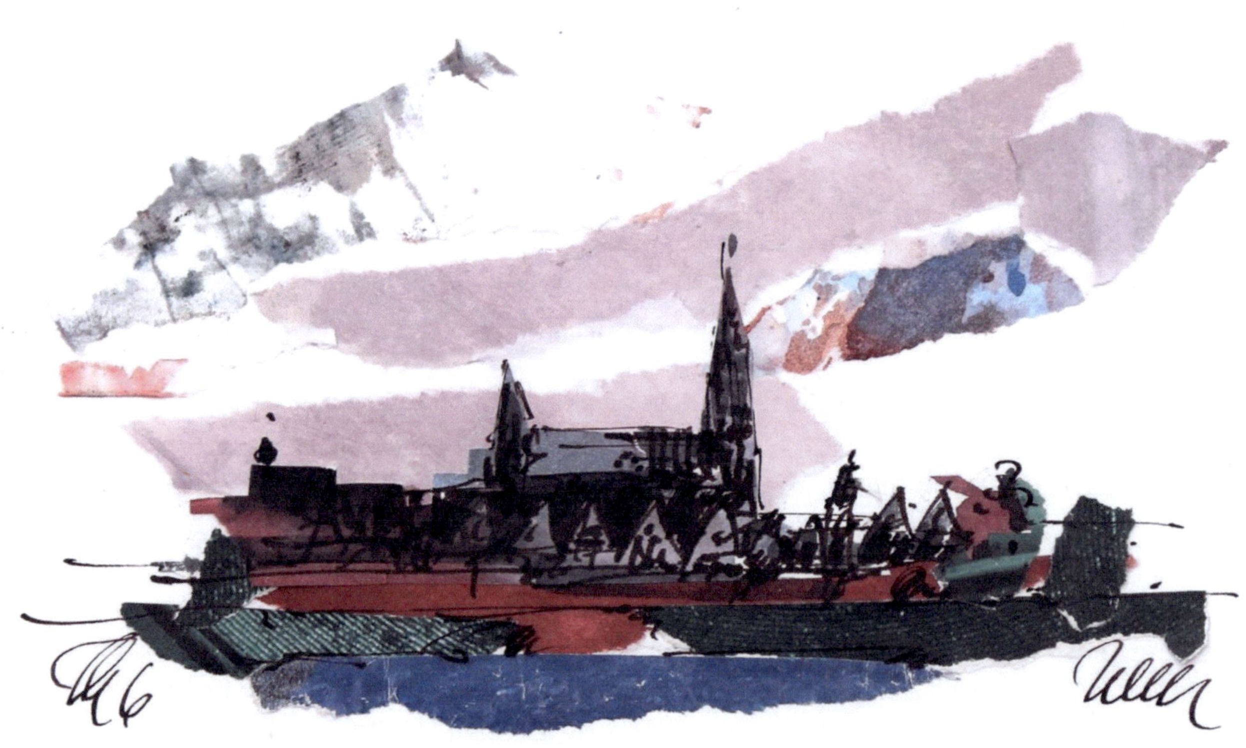

Die beiden folgenden Federzeichnungen zeigen die architektonische Struktur, einmal gotisches Münster und einmal Blick von der Donau auf die mittelalterliche Stadtmauer mit Metzgerturm und Wohnhäusern.

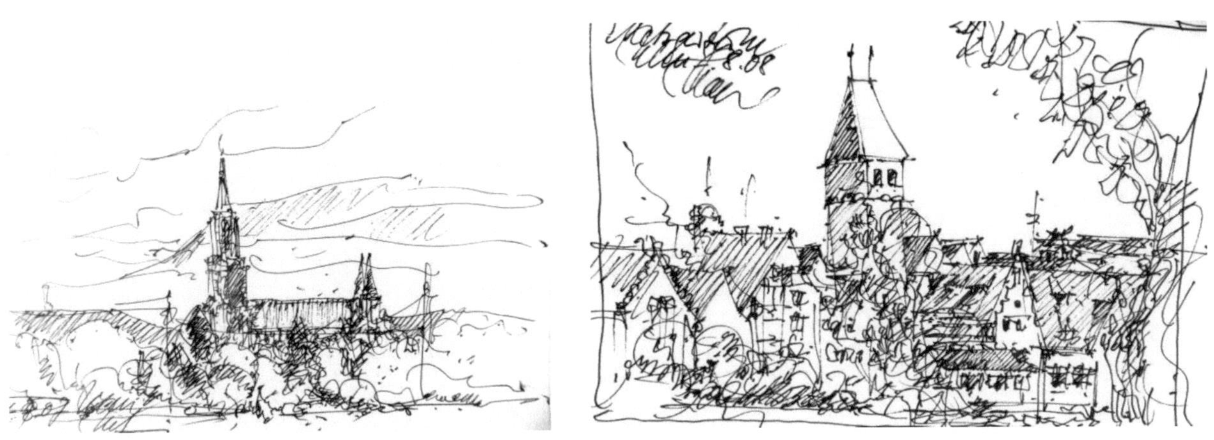

Das folgende Bild zeigt das Zementwerk bei Hörvelsingen, ein malerisch gelegener Ort unweit von Ulm.

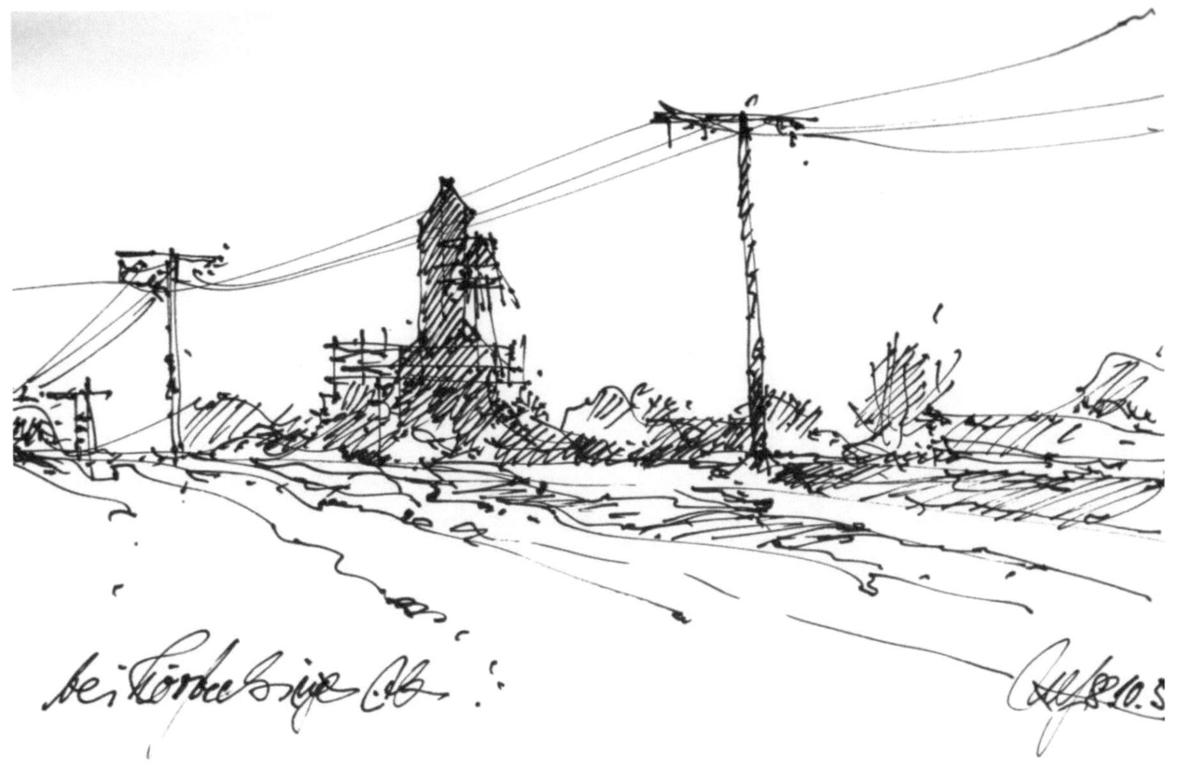

Nördlich von Ulm lohnt das hier abgebildete Rusenschloss eine Wanderung. Gleiches gilt für Langenargen am Bodensee (s.u.).

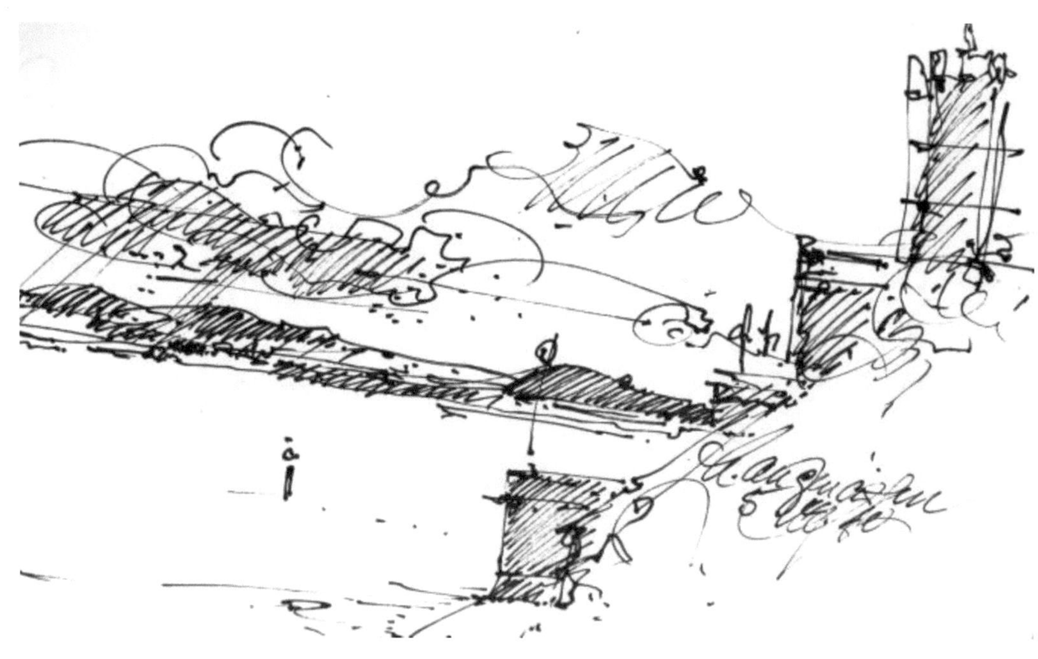

Langenargen am Bodensee

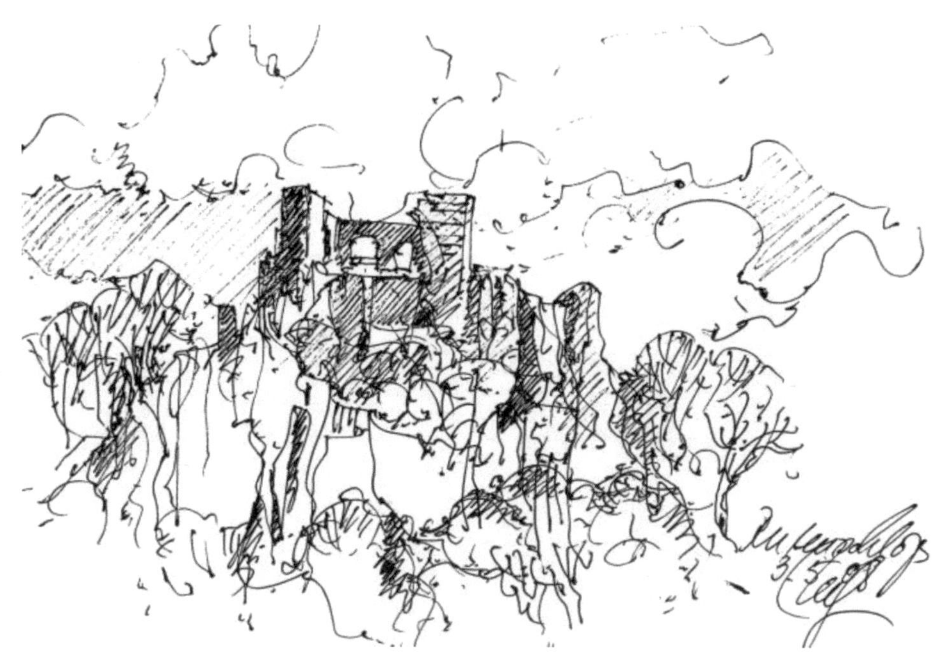

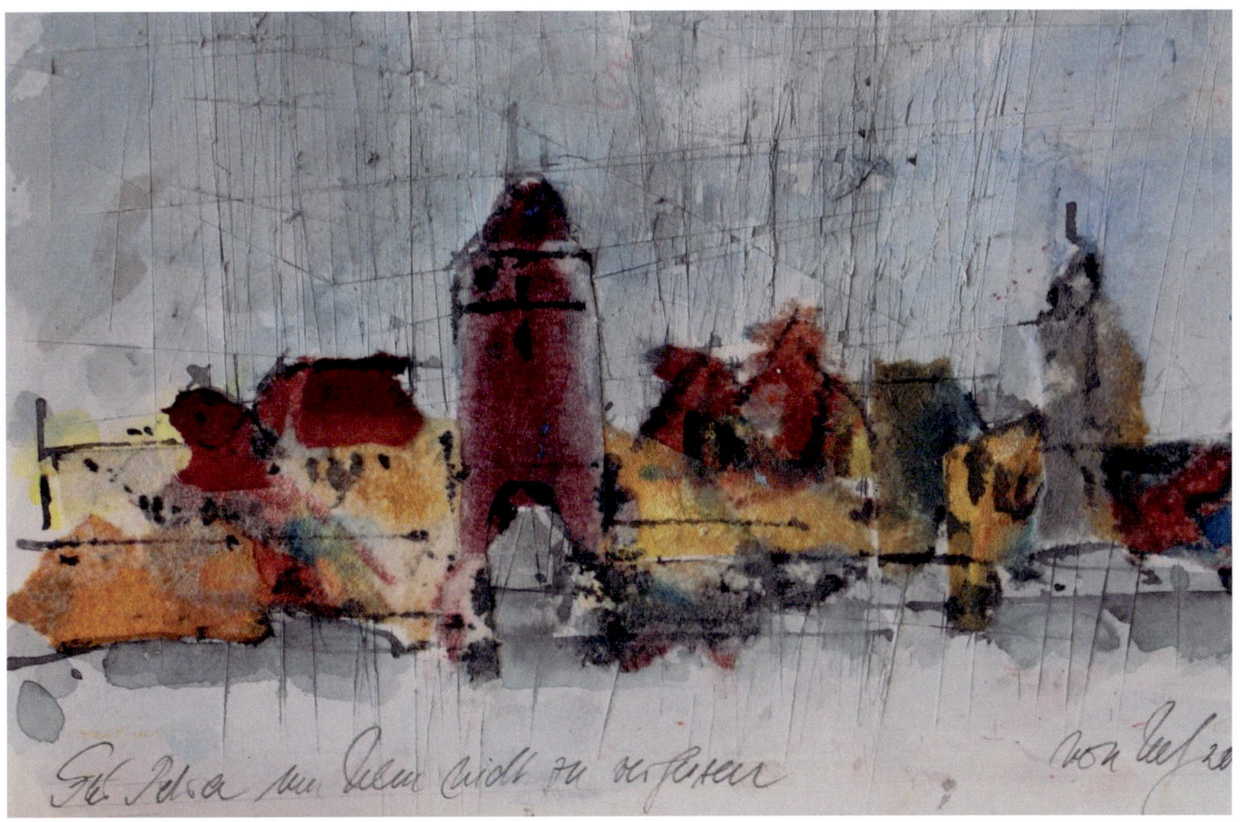

Welche Frau träumt nicht davon, von ihrem Liebhaber ein so schönes Bild mit auf die Reise zu bekommen, wenn sie schon mal in die Kur geht? Ulf Harr hat es für seine Petra 2014 gemalt.

Das unten stehende Bild führt uns die kulinarischen Möglichkeiten Ulms vor Augen.

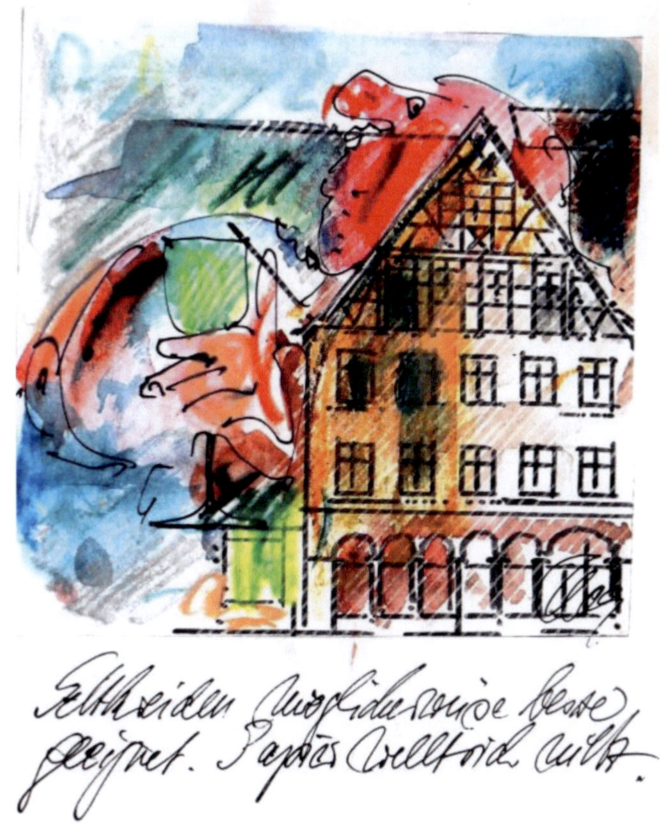

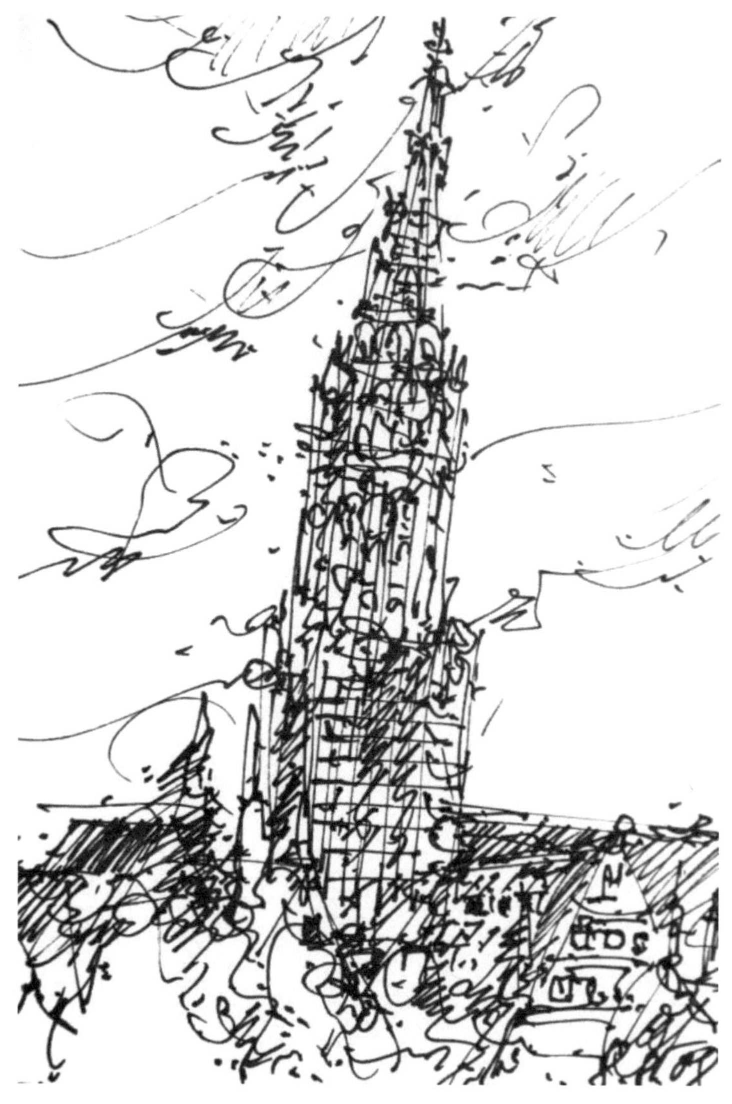

So könnte der Turm des Ulmer Münsters aussehen, hätten die Münsterbaumeister die Bodenplatte nicht stabilisiert. Über Details klärt eine Münsterführung gerne auf, bei der auch die Krupp-Stahl-Konstruktion unter dem Türm besichtigt werden kann.

TIERE

Tiere skizzieren ist eine von Ulf Harrs großen Leidenschaften. Die entspannt daliegende aber dennoch hellwache getigerte Katze, das stoisch vor sich hinblickende Nashorn oder der eitel daher tanzende Elch zeigen menschliche Charakterzüge.

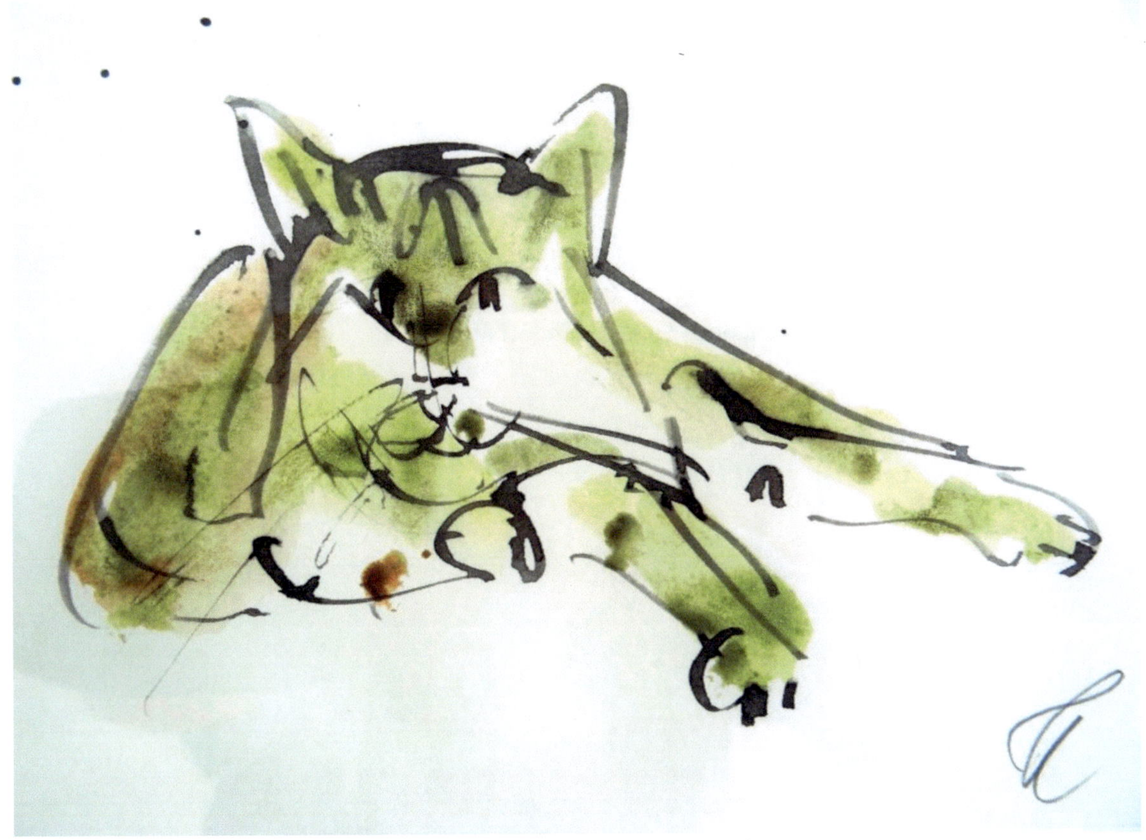

Wer „Work-Life-Balance" in unserer hyperaktiven Berufswelt sucht, kann sich an dieser Katze ein Beispiel nehmen.

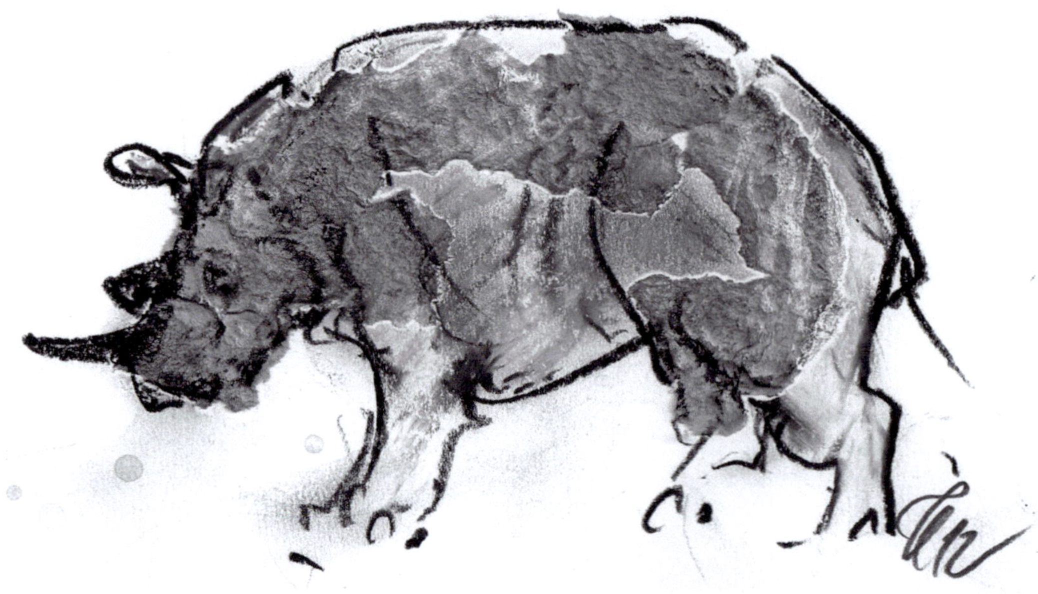

Wer kennt nicht mindestens eine Kollegin oder einen Kollegen, der es diesem standfesten Nashorn (eine Collage) gleich tun könnte? Wer sich in städtischen Flaniermeilen umsieht, wird – zumindest gegen Abend - auch die unten abgebildete Spezies finden können.

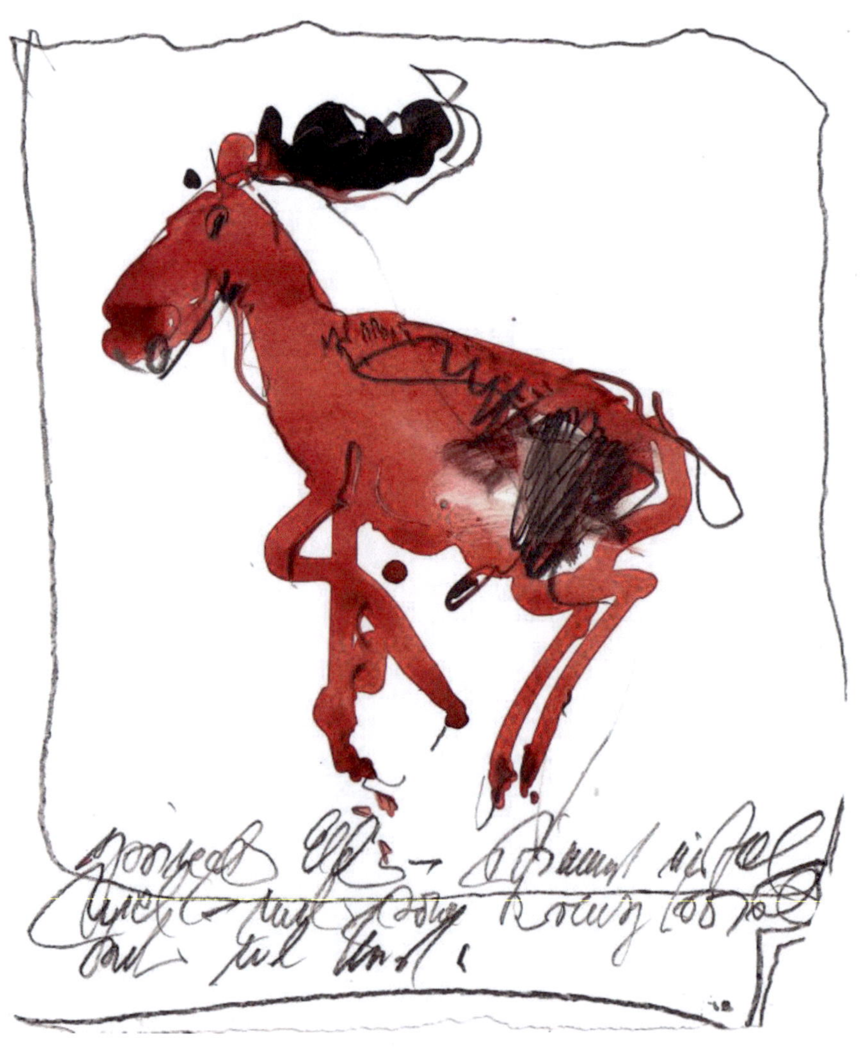

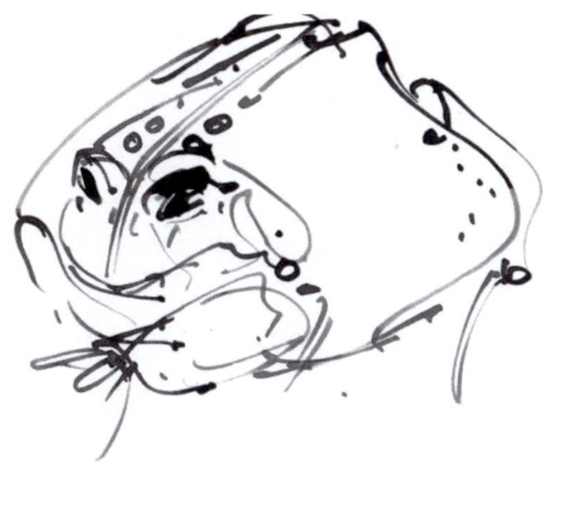

Wieder ein lieber Kollege: Voll Wissen und Erfahrung schaut er den Jungen zu, wie sie ihre Fehler machen. Bei einer guten Gelegenheit schnappt er auch mal selbst einen fetten Happen.

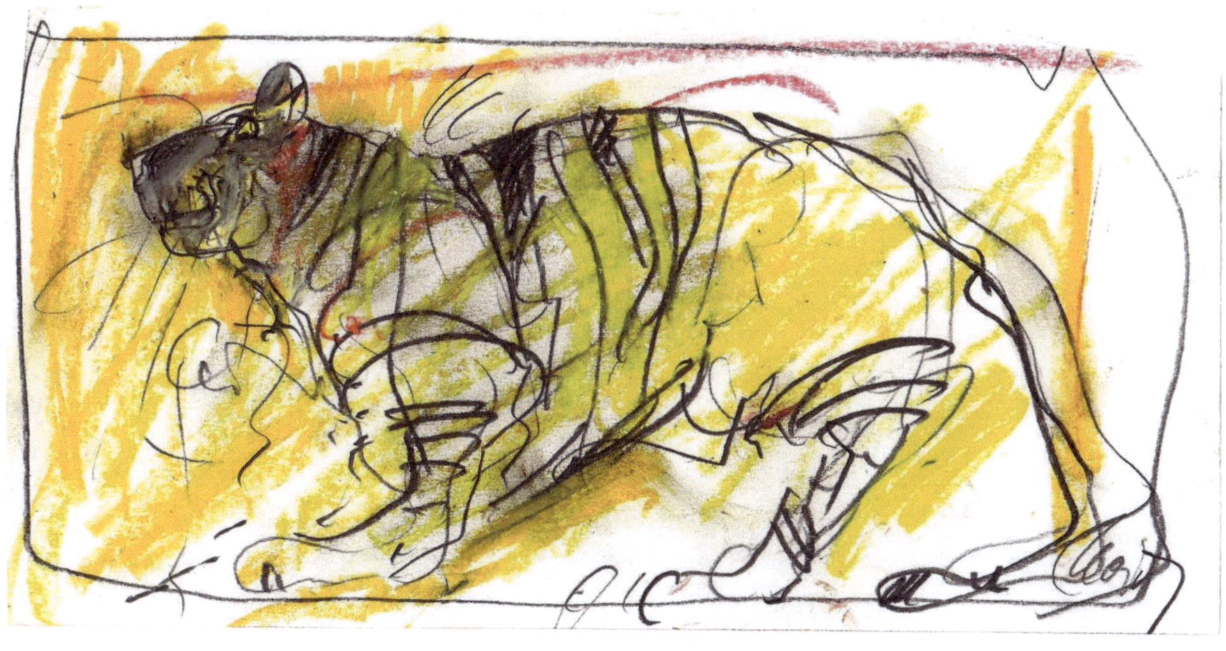

Diesen netten Tiger hat der Künstler zur Sicherheit der Kunstliebhaber vorsichtshalber in einen Rahmen gesetzt.

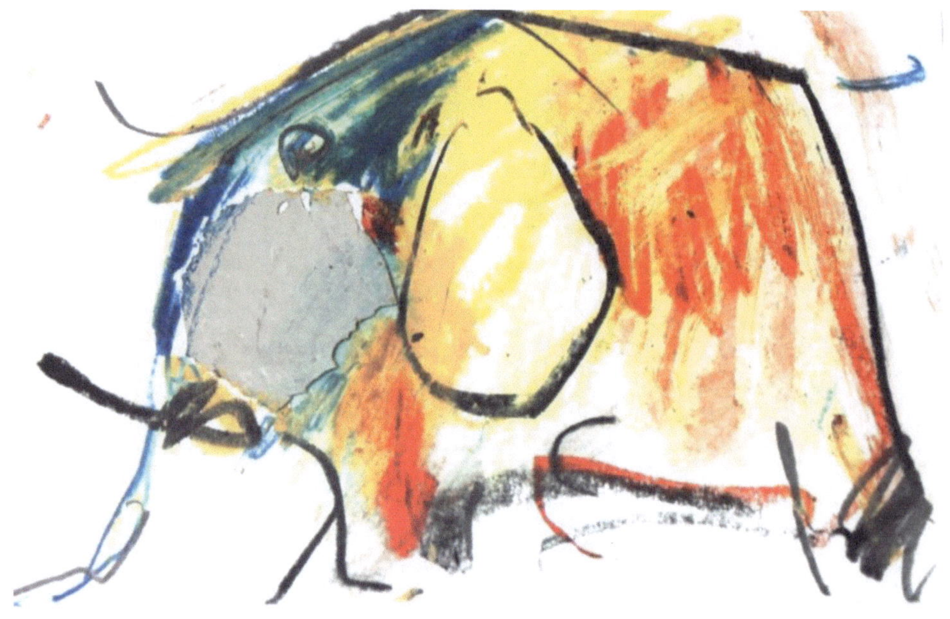

Elefanten vergessen nicht. Deshalb dürfte es im Kopf eines Elefanten so bunt zugehen, wie es diesem hier auf die Haut geschrieben worden ist. Bräuchten wir ihn nicht auch noch als Kuscheltier für Erwachsene?

Ulmer schätzen ihren Ulmer Spatz, der ihnen anschaulich Grundbegriffe im Umgang mit sperriger Materie vor Augen führte. Dieses Exemplar sinniert über neue fortschrittliche Lösungen.

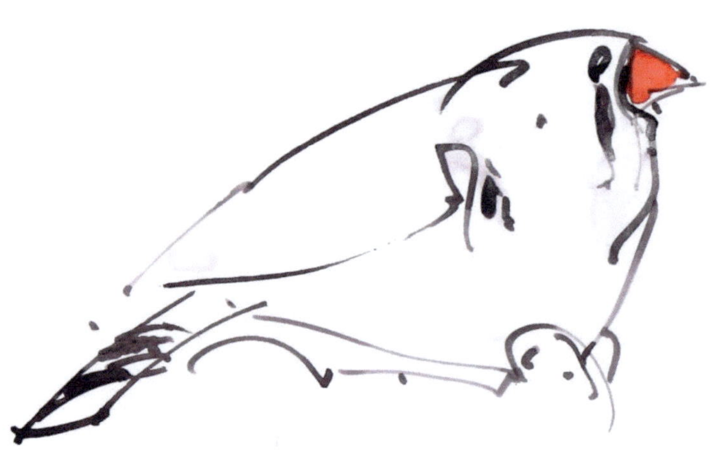

Schwaben tüfteln, auch in Ulm und gerne nach einer guten Mahlzeit. Wer schafft muss auch ausruhen. Diese Dromedare zeigen somit ein in Ulm ortsübliches und standesgemäßes Verhalten.

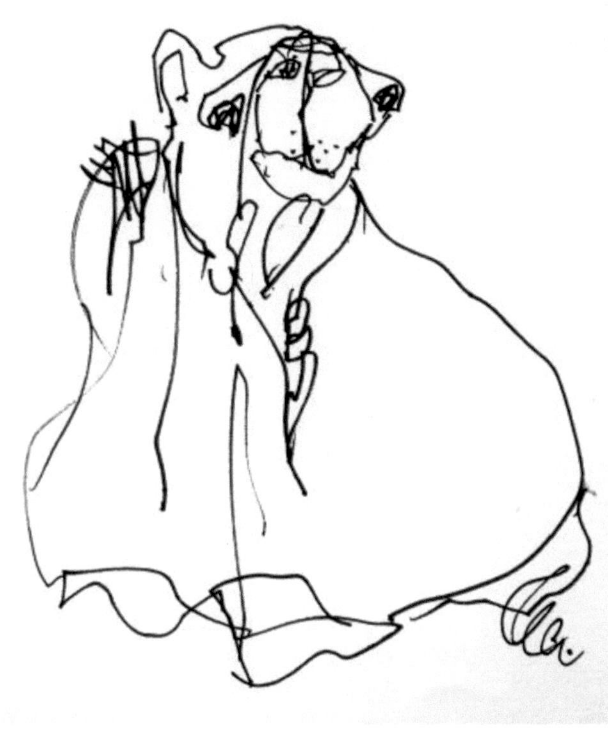

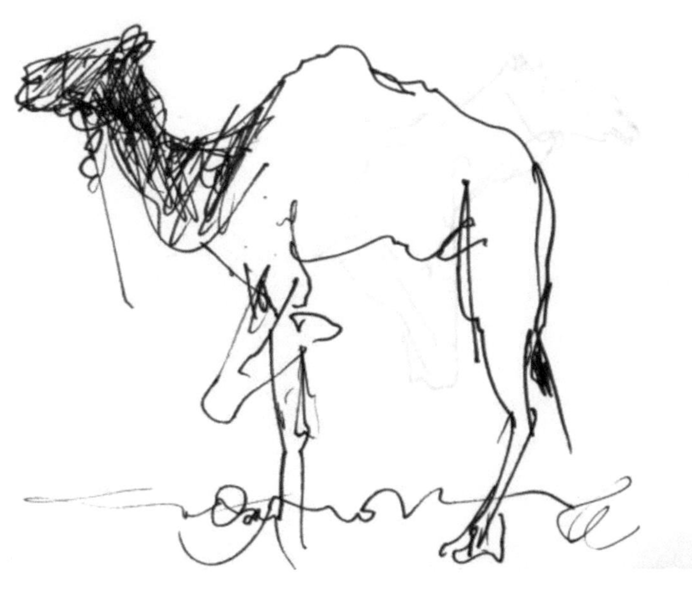

KARIKATUREN

Wir beginnen mit der Gleichberechtigung und stellen uns Männer vor, die als Bunnies in einer Bar arbeiten.

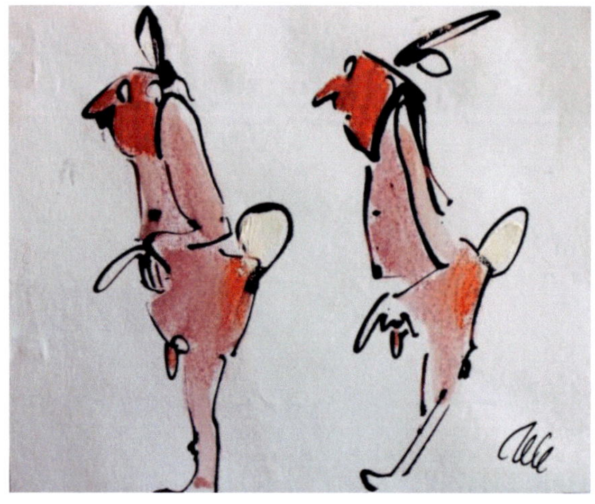

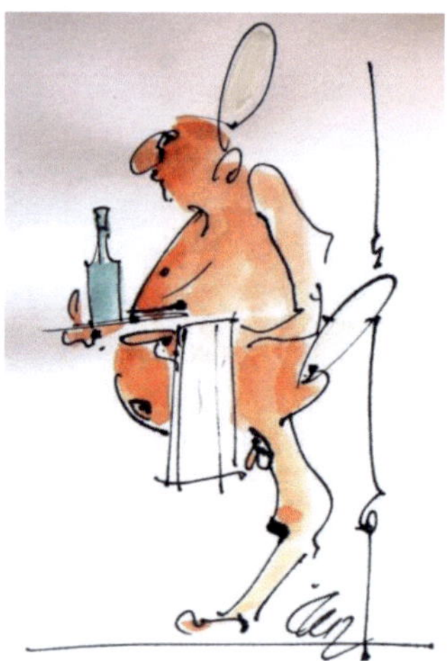

Nicht jedes Kleidungsstück ziert jeden Körper, auch wenn dies subjektiv anders gesehen werden könnte.

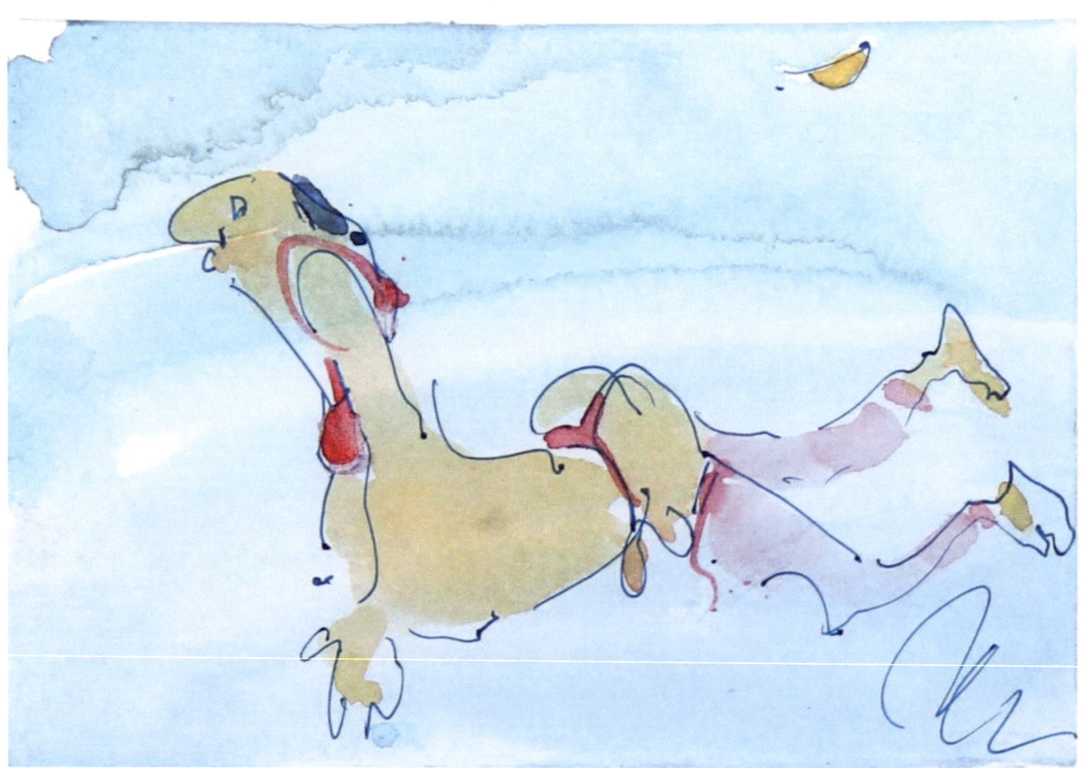

Am Bauen scheiden sich in Württemberg die Geister, nicht nur weil es Geld kostet und zudem mit Veränderungen konfrontiert. Besonders interessant ist, was hinter den Kulissen vor sich geht oder was man hier vermuten könnte. Karikaturen über regionale Bauvorhaben erhalten Ulfs Freunde auch als Neujahrspost. Diese Karte kam Ende 2013 an.

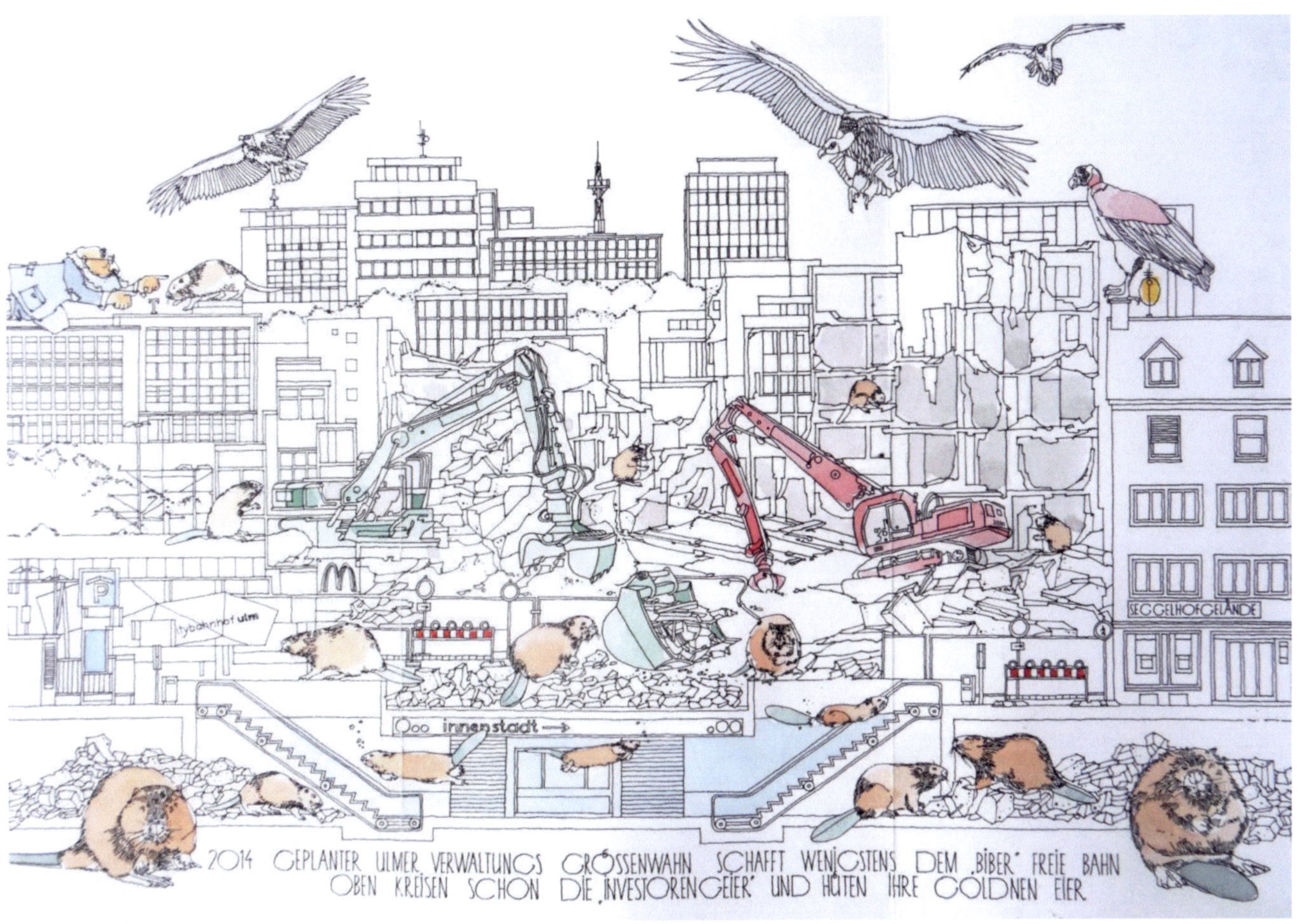

Stehen hinter manchen Vorhaben

Interessen, so fest und mächtig wie

der Münsterturm?

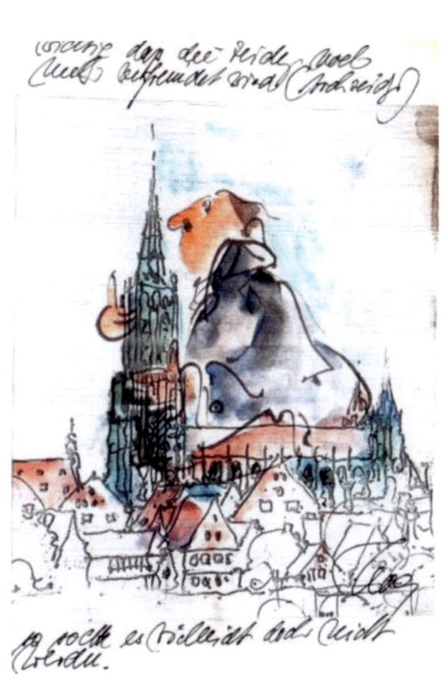

Manchmal wird der Künstler, wie wir alle, fremdbestimmt. Etwa als er plötzlich erkannte, dass er an einen Nacktbadestrand bei Ulm geführt wurde. Seine Aufarbeitung dieses Erlebnisses sieht neben vielen weiteren Skizzen so aus.

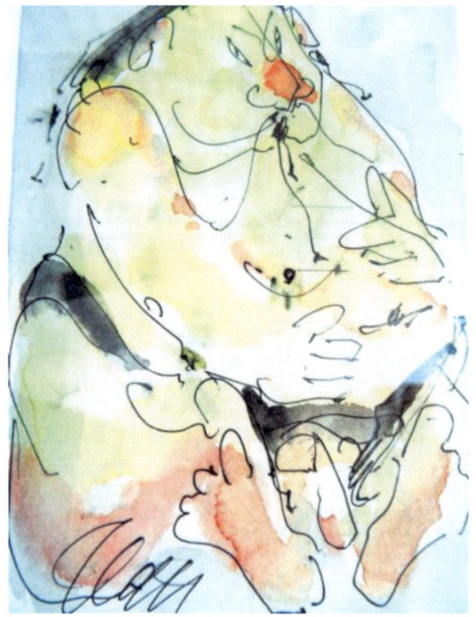
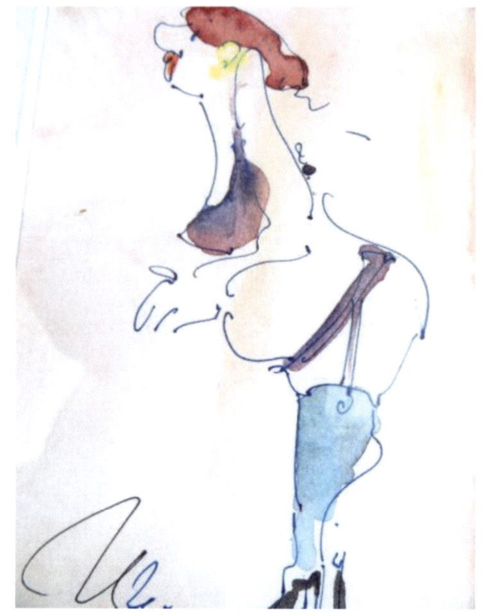

Auch in Ulm und um Ulm herum spielt man Golf. Lässt man den Künstler auf einen Golfplatz, dann sieht er auch diese Golfspieler.

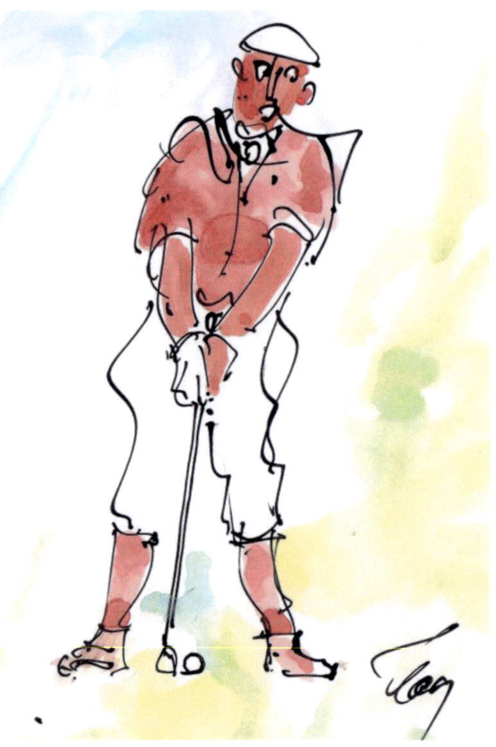
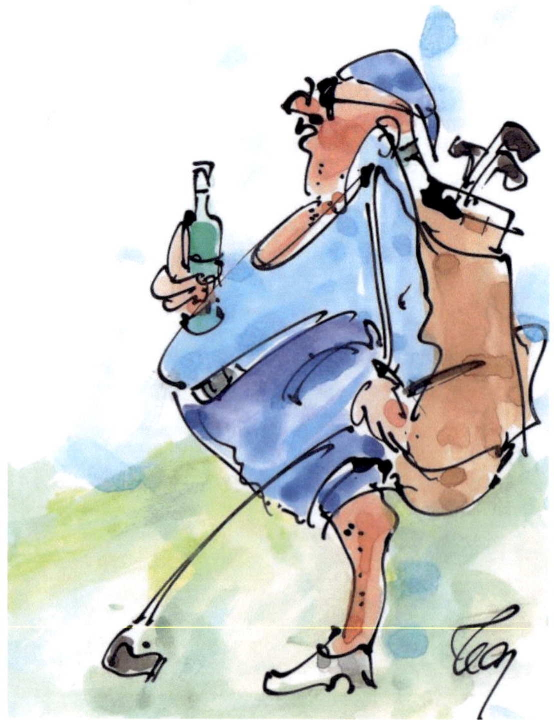

Nicht alle Ulmer sind so zielstrebig wie diese beiden Golfer ….

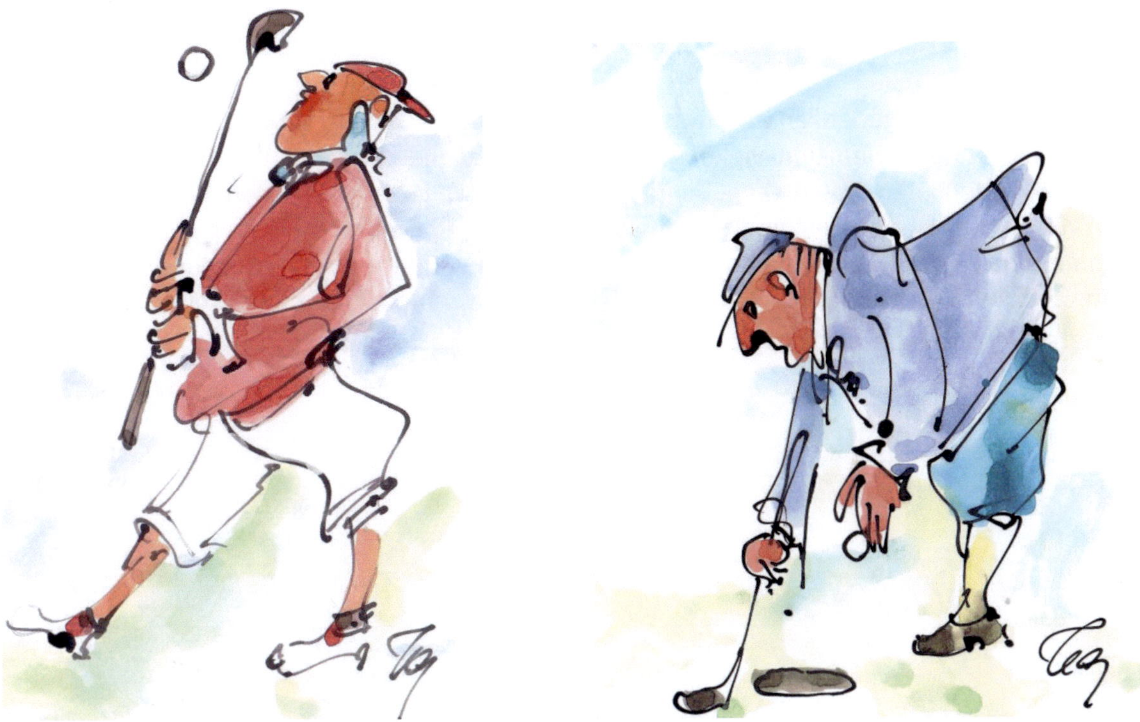

….. und manche Ulmer und Ulmerinnen können im Alltag auch skeptisch, sorgenvoll und grau daherkommen. Historisch sei dies, sagen Alteingesessene, eine ebenfalls ortsübliche und standesgemäße Haltung.

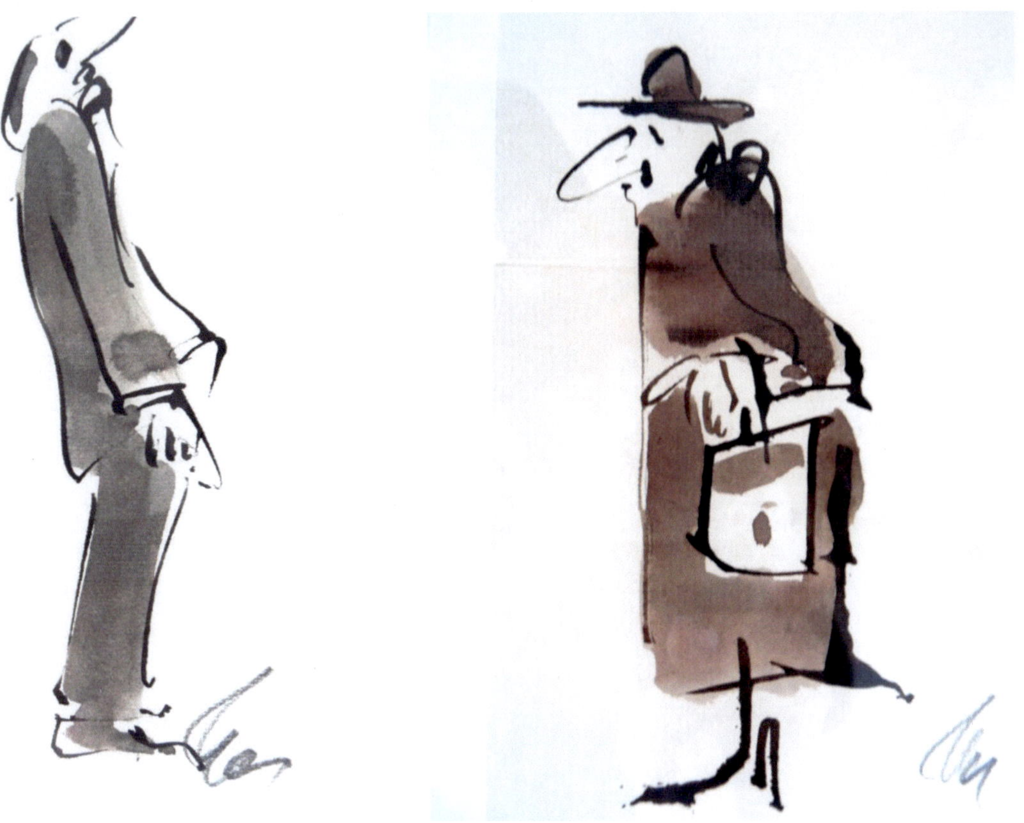

LÖWENMENSCHEN

Ulm ist seit Menschengedenken ein Hort des Wissens und der Kunst. Bewiesen wird dies durch den Fund des Löwenmenschen und vieler weiterer steinzeitlicher Kunstgebilde und Gebrauchsgegenstände, etwa von Flöten, in der Umgebung. Ulf Harr hat den Löwenmenschen, den wir empfehlen im Ulmer Museum zu besichtigen, in die Gegenwart gesetzt. Viele Hundert Skizzen sind entstanden. Der Löwenmensch ist weit gereist. Seine kecke Tochter trägt heute Stiefeletten und einen eleganten Schirm. Und letztlich kann der Löwenmensch keine Löwenmenschen mehr sehen. Vor Überdruss, oder weil er blind ist?

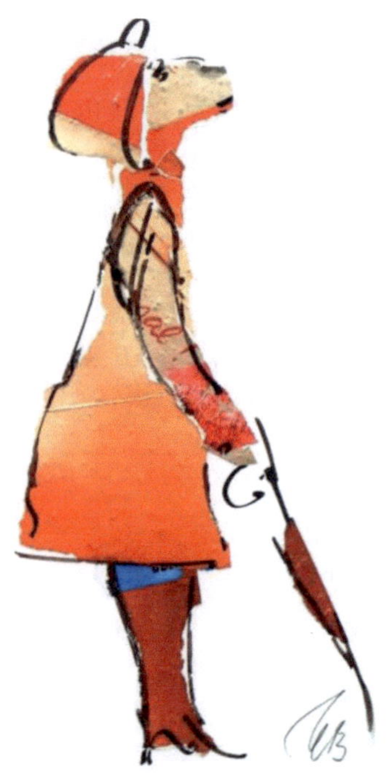

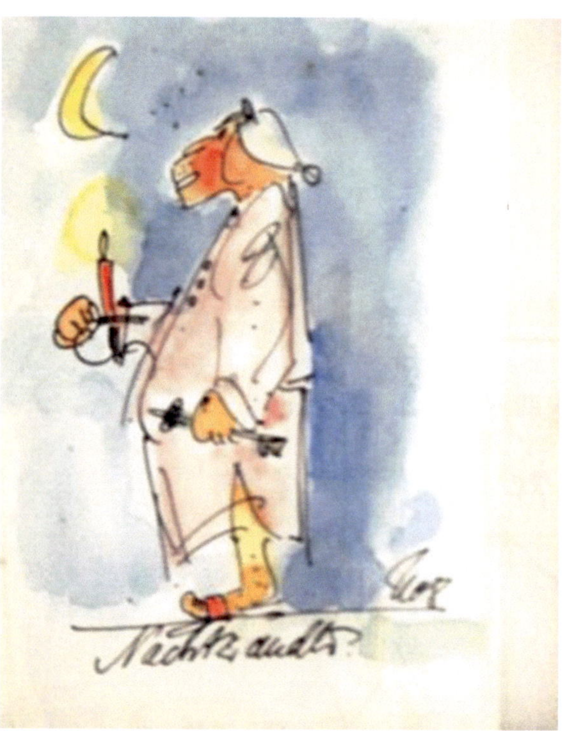

Der Vater hat sicher gute Günde, im Mondschein und Nachthemd auf seine schicke Tochter zu warten.

Weitere Einblicke in die aufregende Welt der Löwenmenschen finden wir in diesen Skizzen.

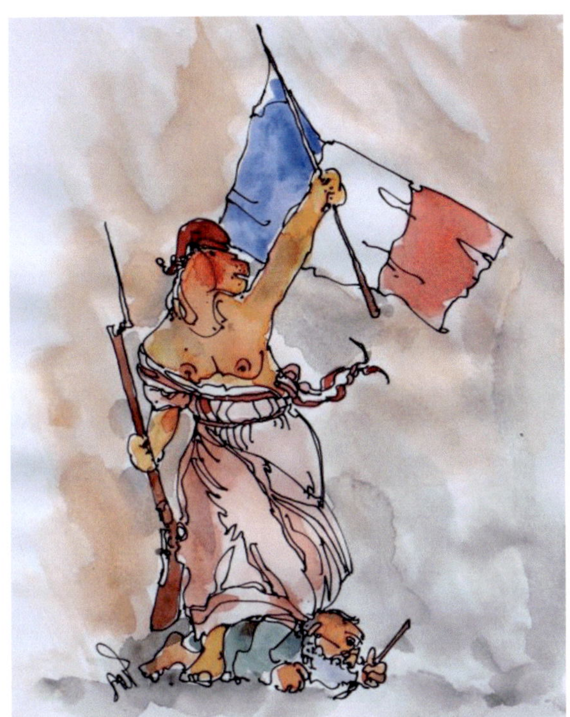

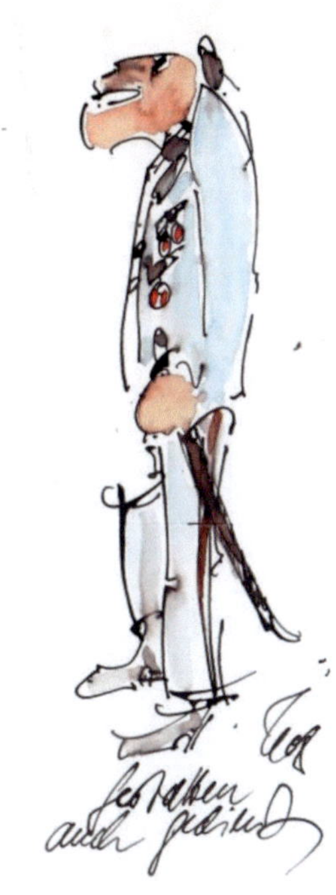

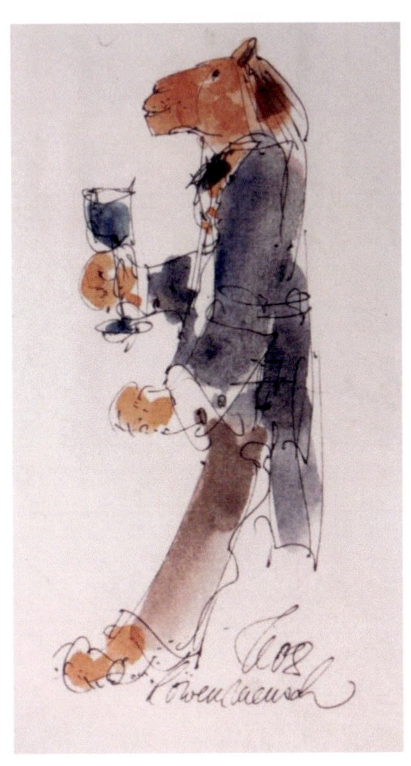

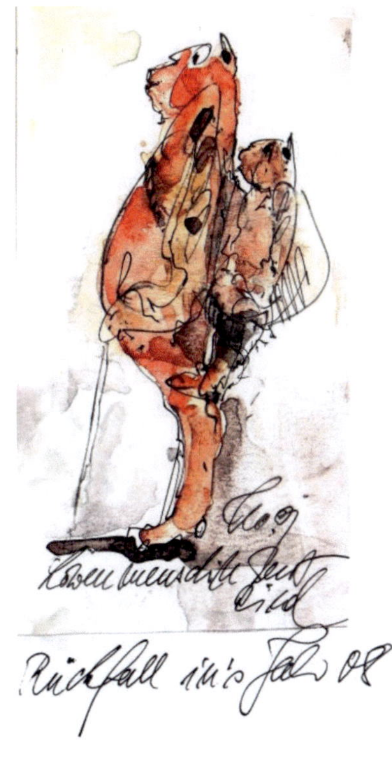

Auch diese unerwarteten Einblicke in das Leben der Löwenmenschen sind letztlich nachvollziehbar. Wieso der letzte im Bilde keine Löwenmenschen mehr sehen will, entzieht sich unserem Verstand.

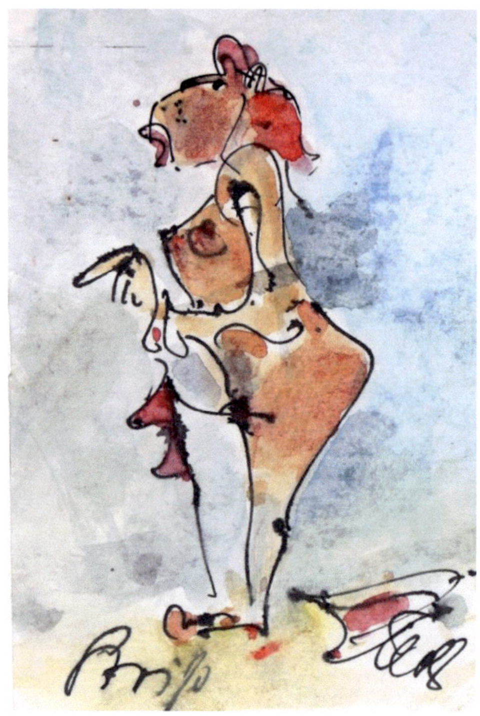

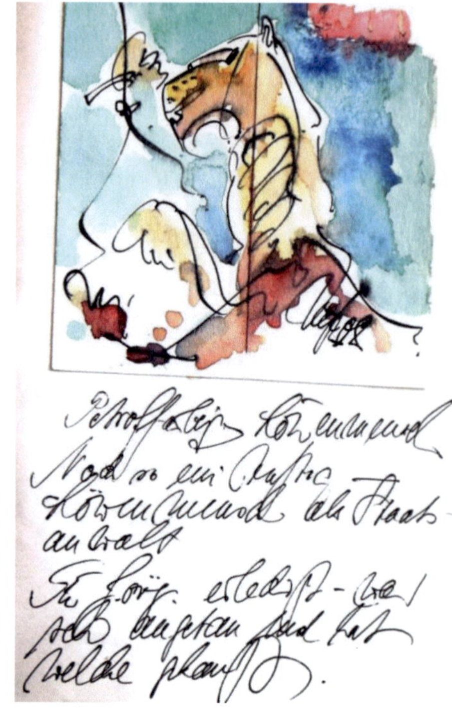

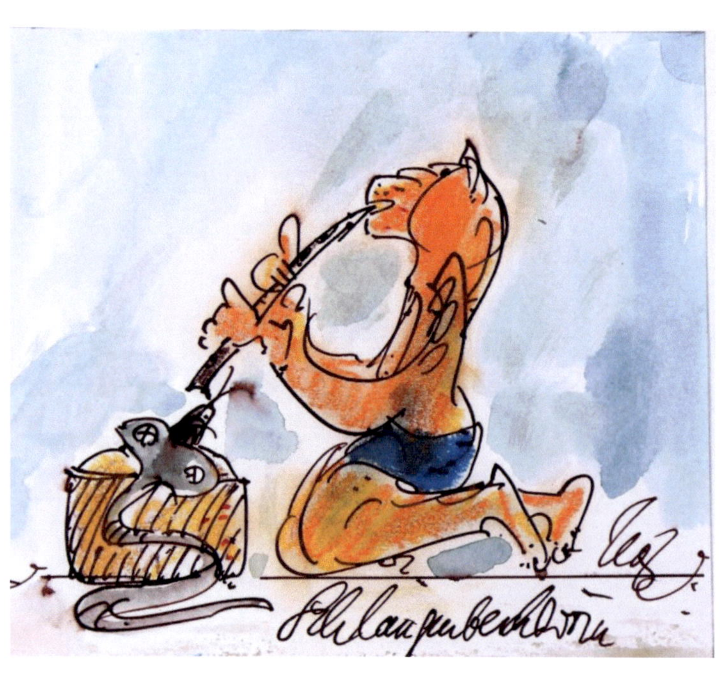

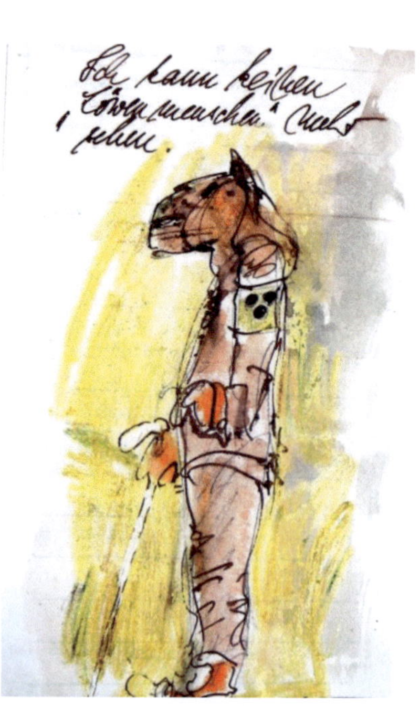

URLAUBSBILDER

Abschalten im Urlaub weckt die kreative Seite von uns allen. Kein Wunder, dass Ulf Harr aus fast jedem Urlaub Skizzen- und Tagebücher voll Urlaubseindrücken und Geschichten mitbringt. Hier sind ein paar Kostproben zusammengestellt:

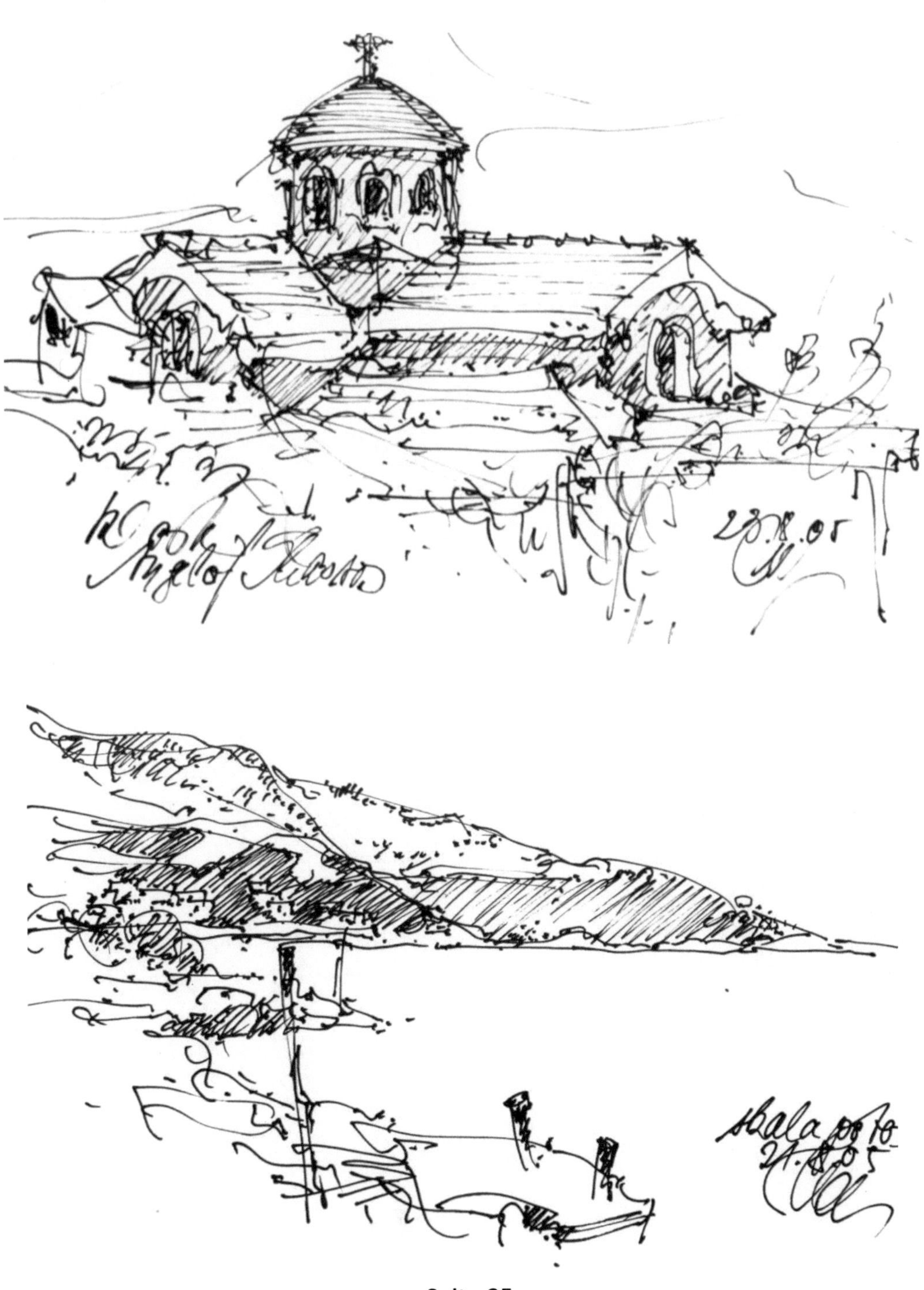

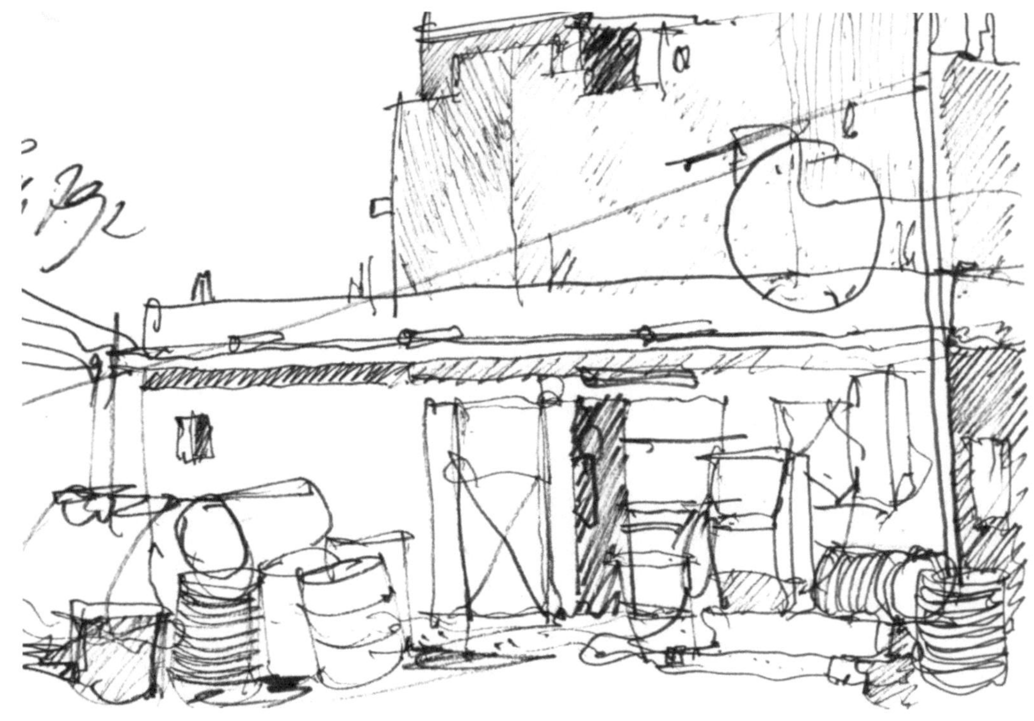

Autowerkstatt in Marokko

Wüstenstadt

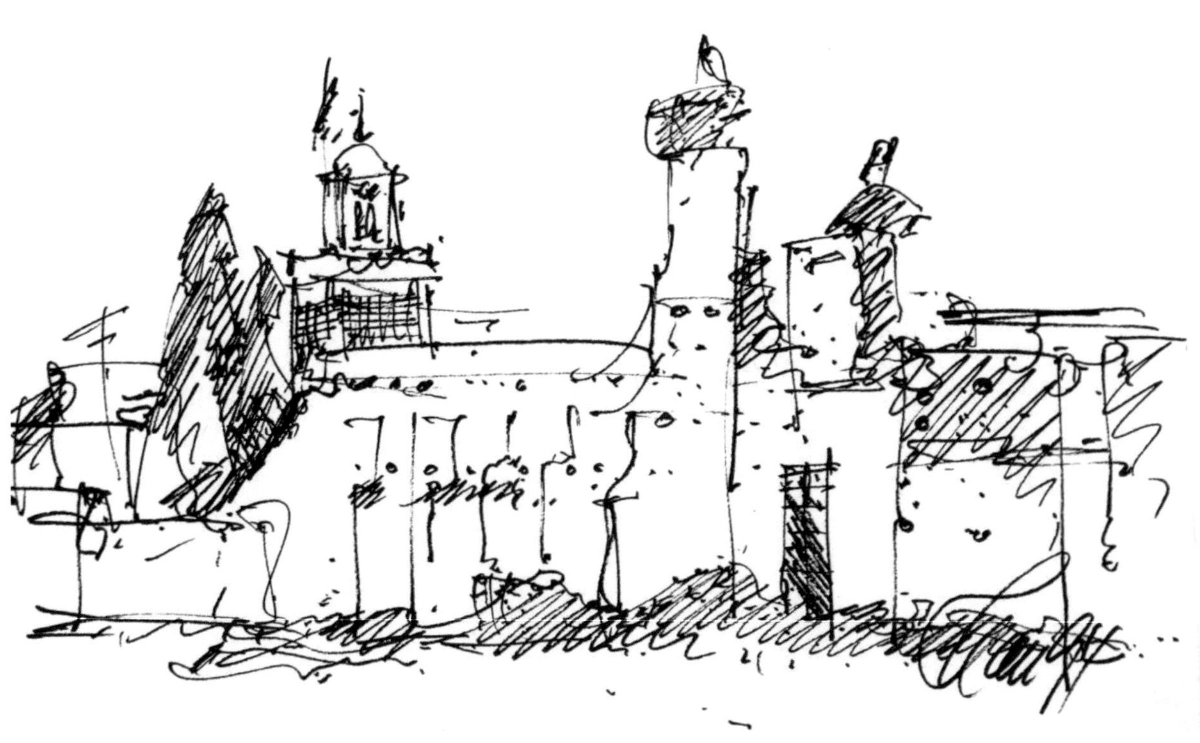

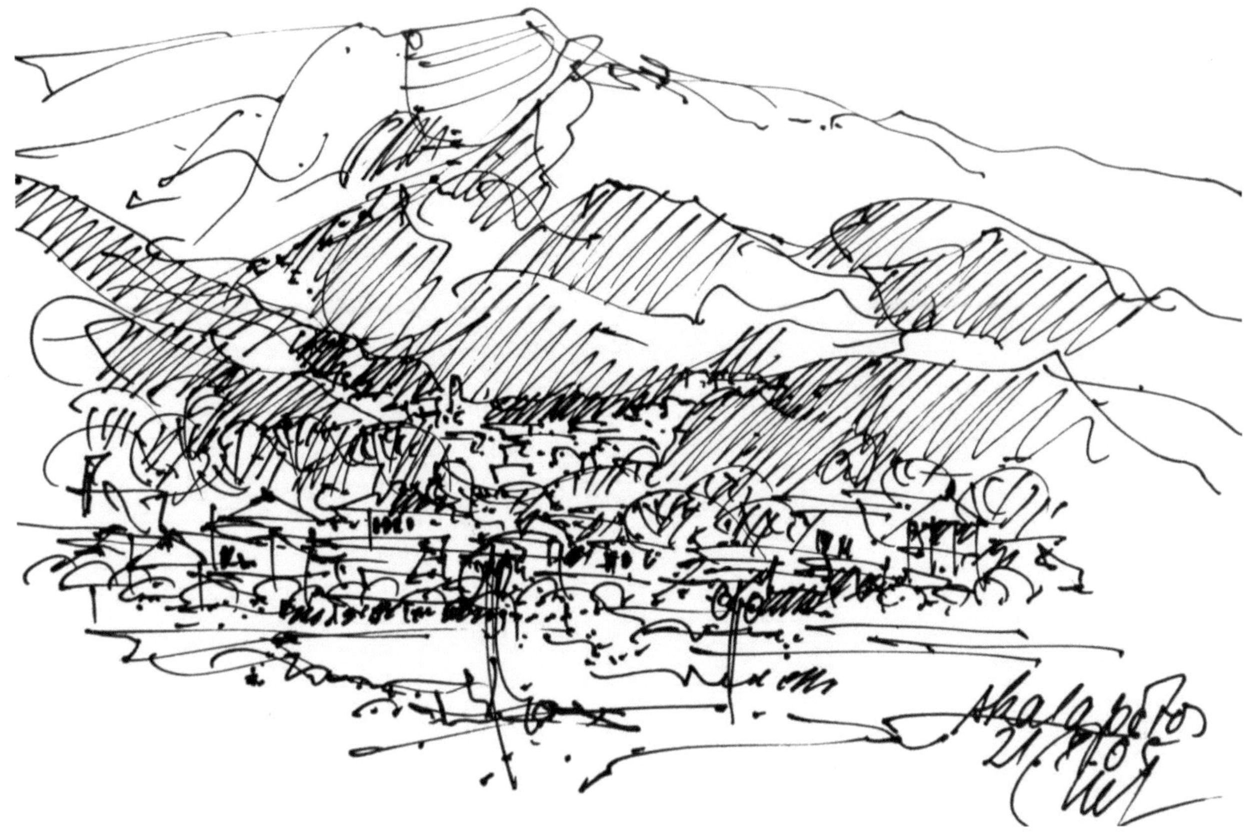

Tassos (oben) und Tropea, Kalabrien (unten)

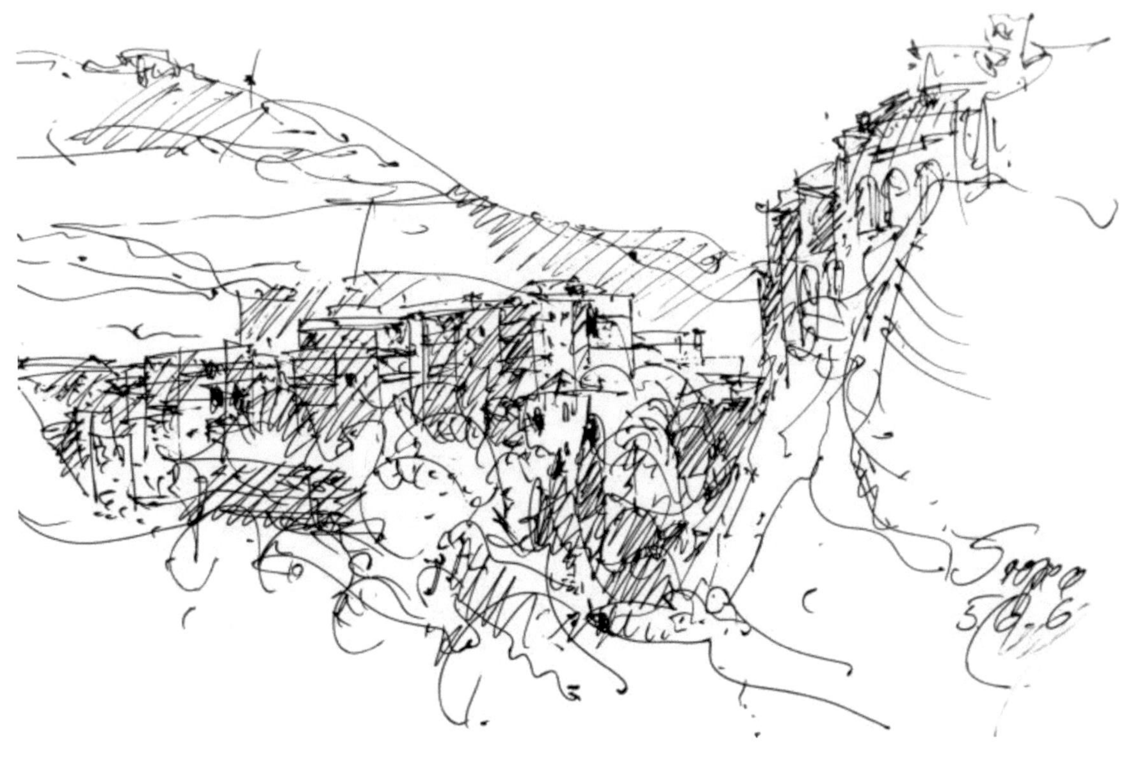

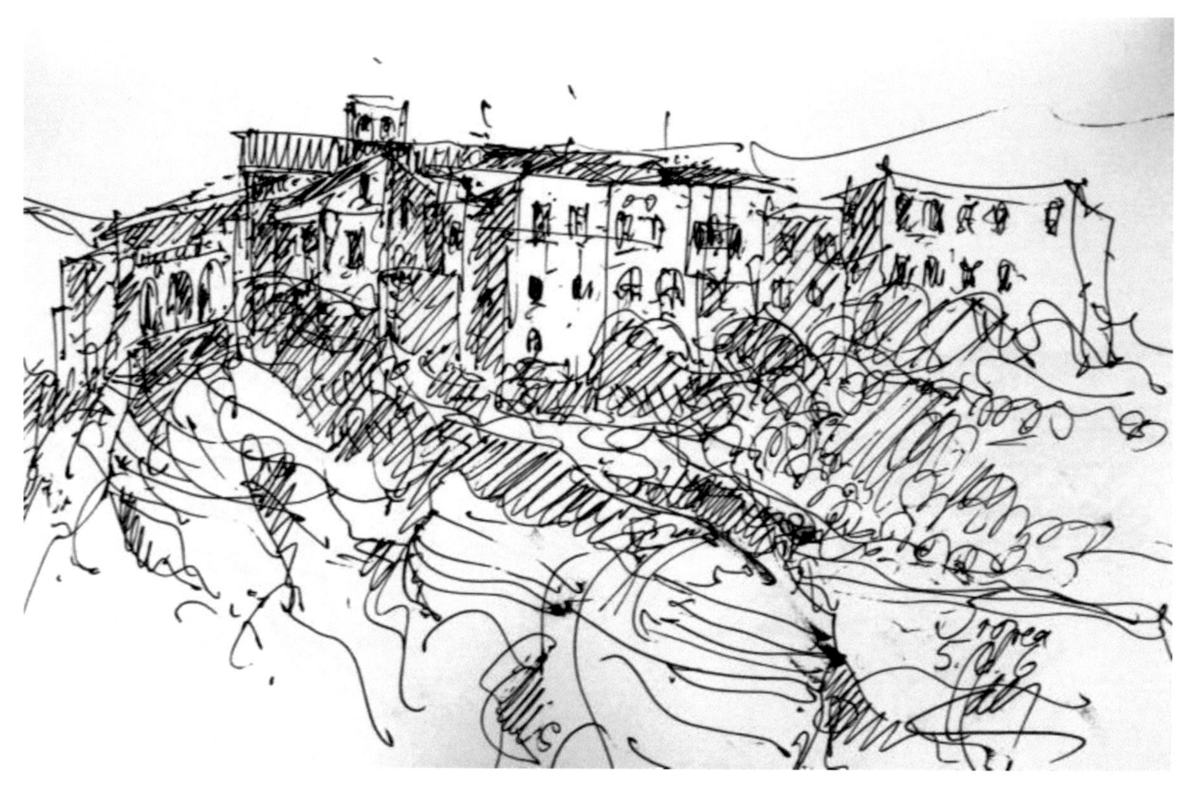

Tropea (oben) und Bavasee, Türkei (unten)

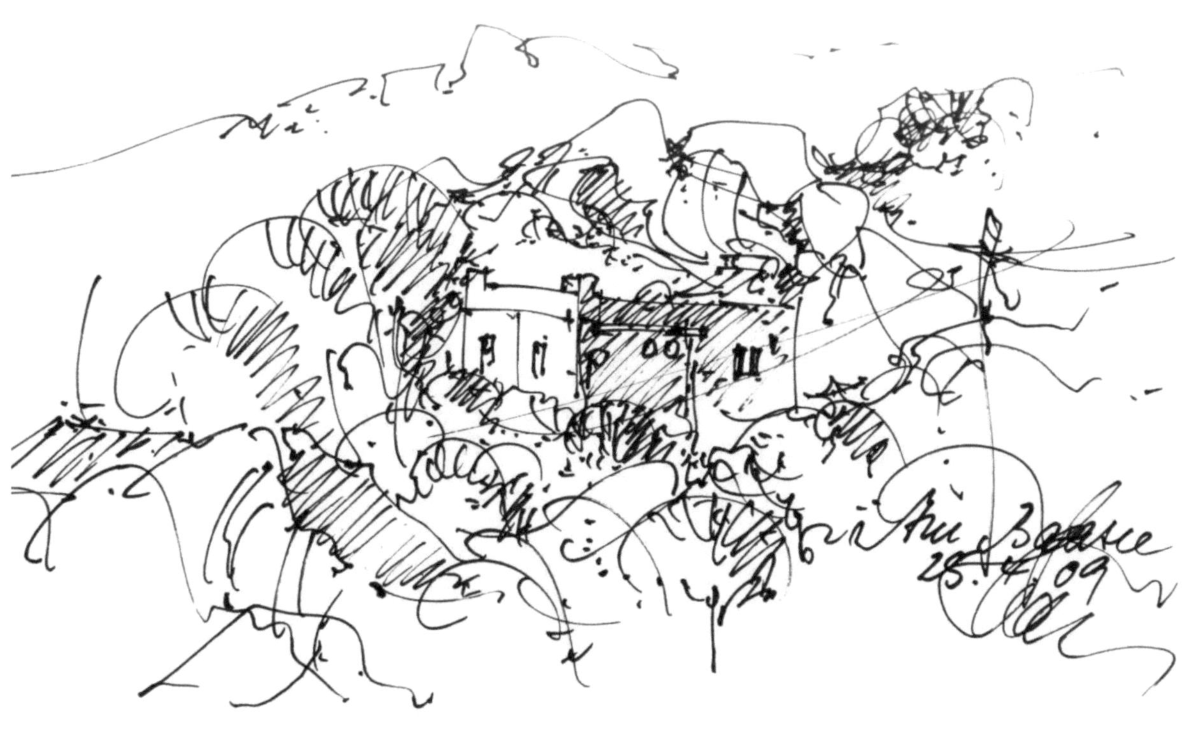

COLLAGEN

Ulf Harr hat schon stundenlang Berliner Litfaß-Säulen nach einem Papierschnitzel abgesucht, um den zu finden, der die richtige Farbe für eine Collage hat, an der er gerade arbeitete. So gesehen sind die Nikoläuse, die wir hier vorstellen, eine so rare Spezies wie der Nikolaus aus der Überlieferung. Andere Collagen sind oben abgebildet.

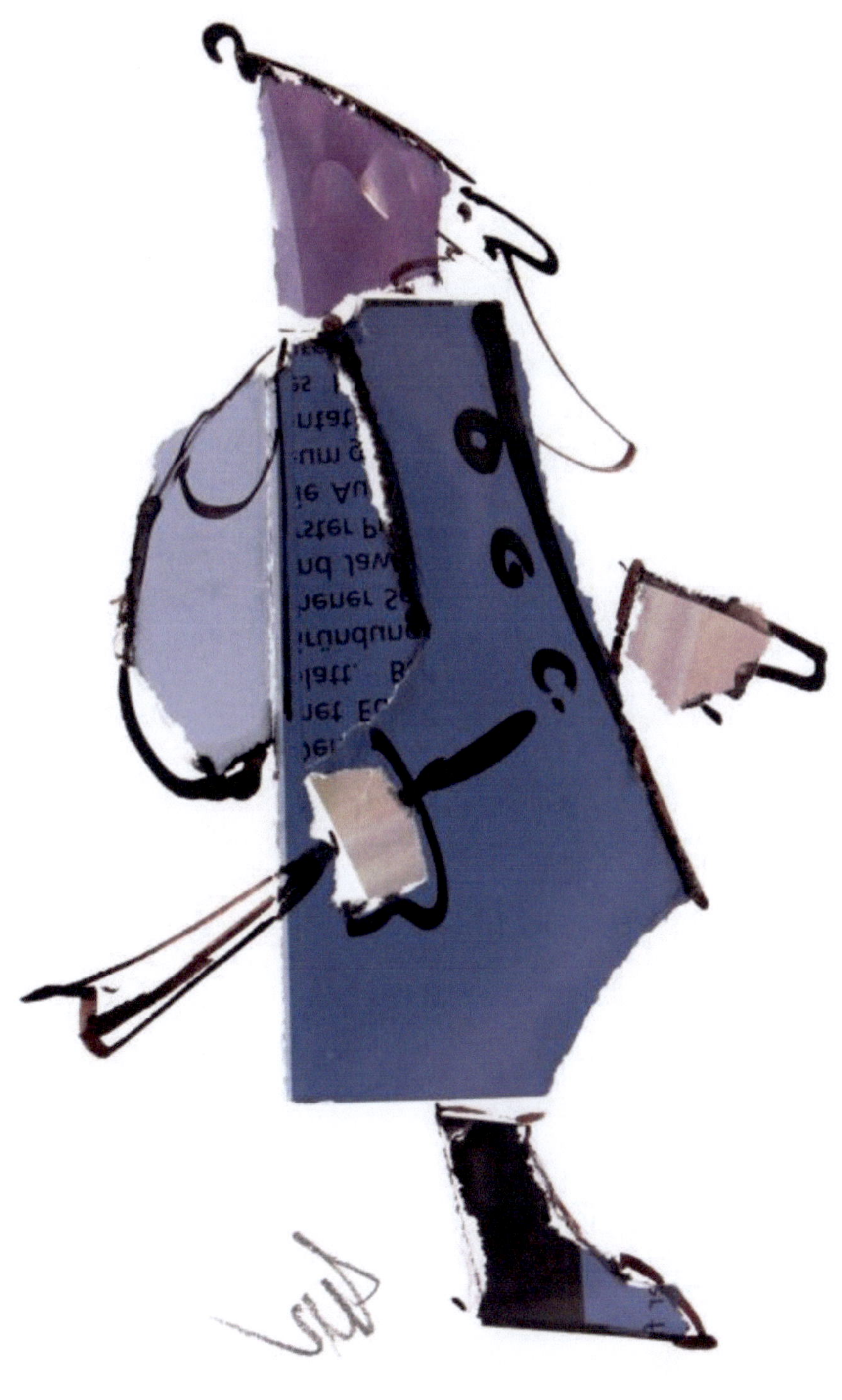

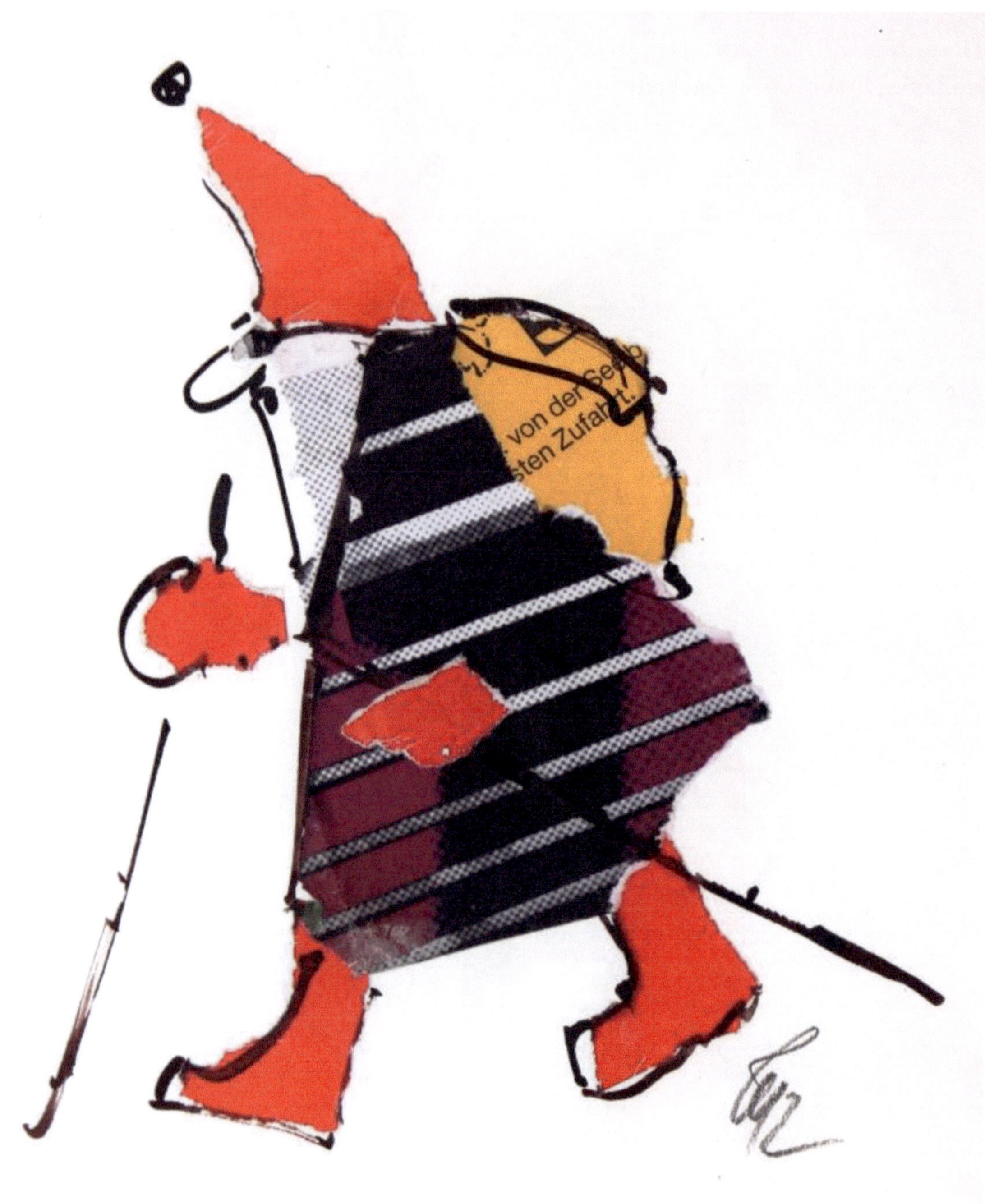

Nordic Walking

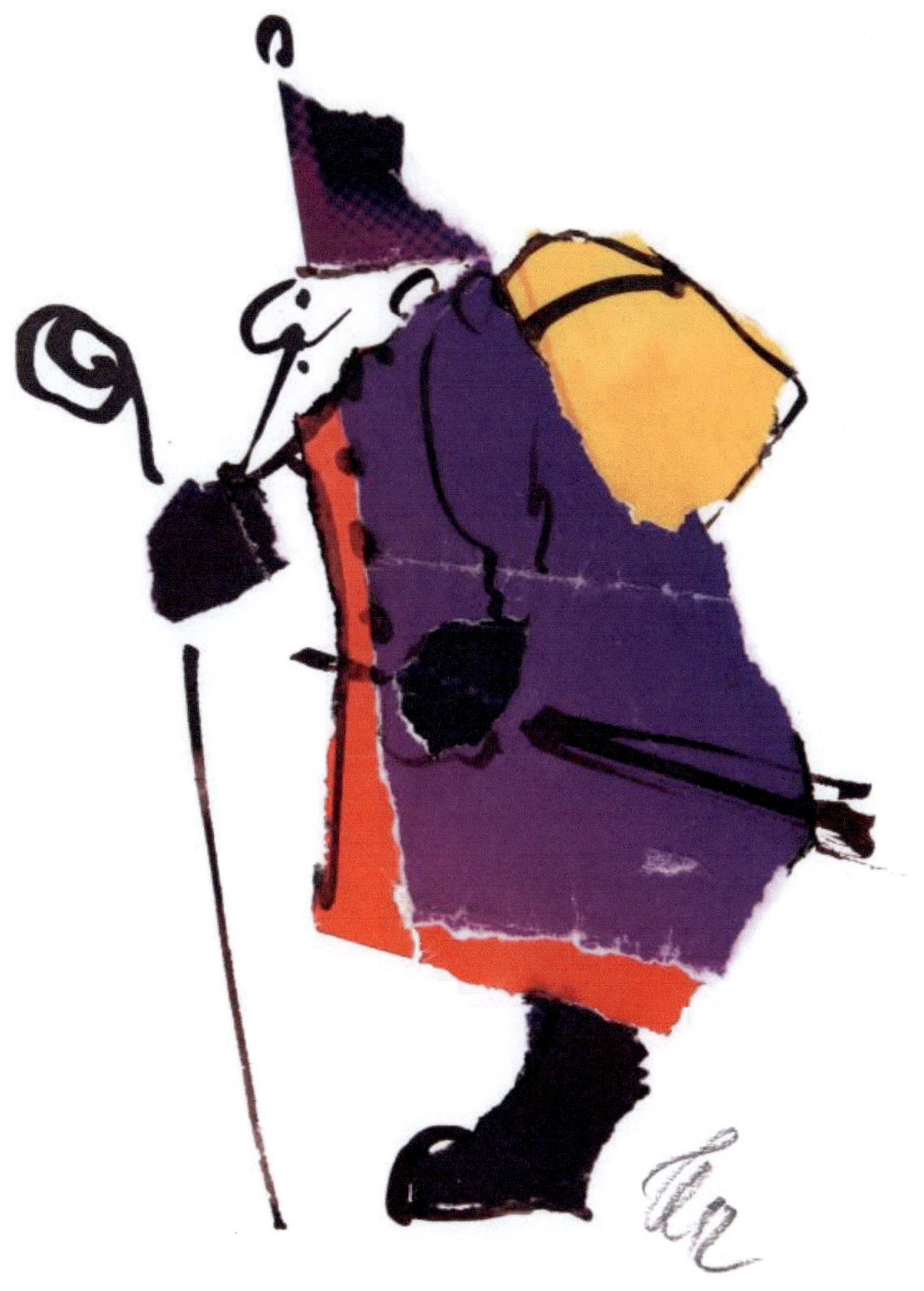